「死」を意識することで男は強くなる

Conscious of death makes men strong.

里中李生
Satonaka Risbou

いかに死ぬかで男の価値は決まる

SOGO HOREI PUBLISHING CO., LTD

はじめに

『**死**』についての本だ。

したがって、私の内面が書かれていて、とても恥ずかしい。

20歳の頃に、地下鉄に乗れないくらいの病気を患っていた。動悸《どうき》、貧血、息切れ。なんだか救心で治りそうな症状だが、私は打つ手がなく、絶望していたものだ。なのに、恋人がいて、そのことをカミングアウトし、見事にふられた。

それ以来、「死にたい」「自殺願望がある」などは私にとっては禁句。

20歳から封印していた言葉は他にもあり、「僕は真面目です」。…そう「愛している」も簡単に口にしないようにしている。

本書を読んだ女性に嫌われるのが分かっている。
「暗い男だ」
と。
なので**本書は、同胞たる男たちに向けて書いた**。
自殺は断然男が多いので、その理由も分析してある。
自殺する時代ではない。切腹の遺伝子はそろそろ忘れた方がよい。

本文では悩んでいるが、正直、私には自殺願望はないと思う。手首を切ったこともないし、首を吊ろうとして失敗したこともない。
しかし、ひどい人生を歩んでいるものだ。この本では、修羅場を潜《くぐ》ってきた私の「**死なない方法**」を伝授したつもりだ。

こんなに治安のよい国で、毎日のように凶悪な殺人事件が起こっている。最近は親子に関する殺人が増えた。また、猫を虐待し殺したりする事件も多い。

盲導犬を刺した事件もあった。

彼ら彼女らは生き物を殺す前に、**「命とはなんと大切なものなのか」**とは考えない。

それは致命的な欠点。命について考える才能が、1%もないのだ。

何事も才能なのだが、教育が悪かったのもある。

今の時代、ネットの誹謗《ひぼう》中傷が日常化しているが、イジメ同様、**相手を死なせる行為を習慣化させていると言っても過言ではない。**

なぜ、そんな人間が増えたのか。

「嫌いな奴は死ねばいい」

という感覚だ。

それは、スポイルされてきたからなのだ。

彼ら彼女らは、甘やかされてきた。

教育に。親に。平成という時代に。

彼ら彼女らを、誰も怒ることも殴ることもできずに、悪が許されてきた。

学校で「イジメ」に加担し、だが、その仕返しがない。教師が殴れないのである。

1人の人間を皆でとことん虐《いじ》めて、傷つけて、それを見た教師が彼ら彼女らを殴れない。数えきれないほど、1人の少年、少女を罵倒《ばとう》し殴ってきた連中が、誰からも殴られず、ちょっと叱られたくらいのまま大人になって社会に出ている。ウジャウジャいるのだ。学校にいた頃に、イジメに加担していたのに、何事もない顔で社会に出ている人間が。

彼らの方が善徳になっている様子も窺《うかが》える。

ずっと真面目に生きてきた人がミスをすると、大いに叩かれる。

芸能人が車の接触事故を起こしたら、鬼の首を取ったように叩く。それをやっている連中は善という世の中だ。叩かれている芸能人は、悪人とされている。だが、まさか、両者ともに悪党なのか。そんなことはなく、大義名分は常に、殴る方や中傷する方にあり、被害者は、「**虐められるおまえが悪い**」と言われる。

「僕は真面目です」は、封印していると先程書いた。正直、真面目ではないのでそれはいいのだが、**真面目に、または真剣に生きている人たちには、とてもひどい仕打ちが返ってくる時代だと断言しておく。**

たった一度のミスも許されない。

真面目な子供はすぐに虐められる対象となってしまう。

真剣に生きていると中傷される。

勤続20年でも21年目に失敗したら、何もしていない奴よりも評価が落ちる。

もはや、切腹の遺伝子も敗戦国の性《さが》も関係ないのだ。

真面目に生きている人たちを追い詰める社会にしてしまった。平成になってからだ。

分かりやすく説明すると、そう、私には恐らく「人権」がないだろう。真剣に生きていて、それなりに稼いでいるからだ。しかし、私を中傷している連中や学校でクラスメイトを虐めている連中には人権があるということだ。簡単な話だ。

こんなくだらない世の中に対して厭世《えんせい》的になり、**死なずに生きるヒント**を書いた。

正直、日本は、これほどまでに平和になのに快活に笑って生活できる国ではない。

戦争がない代わりに、やはり人々は学校で、会社で、家庭で戦争をしているからだ。

里中李生

目次

第2章

人はなぜ自殺するのか

第3章

死から逃れるためのアドバイス

第4章

「死」をめぐる日本という国の姿

第5章

これからを生きていく方々へのメッセージ

装丁　萩原弦一郎（デジカル）
　　　藤塚尚子（デジカル）
本文デザイン　飯富杏奈（Dogs Inc.）
本文ＤＴＰ　横内俊彦

第1章

覚悟を決めたら死は怖くない

私の死生観

【もう死ぬのは怖くない】

私は死ぬのは怖くない。

というと少しばかり語弊がある。**もう、死んでもいいのではないか**、と思っている。

それが50歳の私の心境だ。

少年時代に病気ばかりしていて、「おまえはすぐに死ぬよ」と嗤《わら》われていた男が、なんと50歳の誕生日を先日迎えたのだ。手相を見ると、生命線がありえなく短いのだ。そんな私が、いろんなトラブルや理不尽や体調不良に耐えて耐えて生きてきた。

少々疲れてきたのだ。厭世的になっている。

最近、胃潰瘍になったが、医師から「胃カメラを飲むように」言われて、やんわりと断った。

「胃癌だったとしてもいいや」と、その時は思った（今度、飲みます）。

女性に支えられてきたが、自分から「助けてほしい」と言った記憶はない。

それが生まれて初めて、「助けてほしいな」と考えるようになった。

古い本と圧倒的に違うところが、「愛国心」がなくなっていることだ。

昨年くらいからだろうか。安倍政権を信じていたのに裏切られ続け、それからこの国がどうでもよくなってきた。ネット社会も狂っているとしか思えない。

死がどうでもよくなったのではなく、何もかもだ。

その意識が、「もう死んでもいいや。日本は嫌いだから」となったのかも知れない。だから、他国の楽しい国を見つけ、そこに永住できたら、また生気が戻り、変わるかも知れない。

いや、やはり、愛国心が無くなったのとは別で、私は死をもう恐れていないかも知れない。

もっと細かく言うと、事故死は怖い。

遺言を遺せないし、その直前にとても楽しいことをしていたら、不運としか言えない。例えば海外旅行に行く際の飛行機事故だろう。

【幸運な死と不運な死】

死と言うのは、どの死も同じだと言う人もいるが、私はそうは思わない。

「**人の命はどの人の命も同じ**」

と、

「**人の死はどの死も同じ**」

とは違う。

命の重さは同じだが、死に方には明確な違いがある。

老衰で微笑しながら死んだ人と健康なうちに事故死をした人とは、運命が違う。

前者は幸運で後者は不運な死だ。

私はそう。**不運な死は怖いが、幸運な死に対する恐怖はない。**

誰でもそうか？

そうでもなく、『死』のすべてを怖がっている人は大勢いる。幸運な死の中には、「病死」もある。それなりの高齢者の病死は不運ではない。

若くて健康なのに病院で検査ばかりしている。または高齢なのに、奇妙に死を怖がっている。

彼らは恐らく「悪徳」「偽善」に染まっている。

仏陀《ぶつだ》の言葉にあるのだ。

善を行ってきた者は死を恐れない、と。

私は本のキャラクターから、とても悪党だと思われている。実際に、悪徳に染まった遊びに興ずることもあるが、その悪徳の定義は、大世間様が決めたことで、私の周りの人たちは誰も怒っていない。私のことではなく、よくある事例としては浮気だろうか。妻が、「浮気していいよ。ちゃんと帰ってくるなら」と言って、浮気をしてもその男は悪徳に染まったとんでもない悪人となる。それが世間様の一方的な見解である。その伝で言うと、私はとても悪い男なのだが、実際は、周りの人たちはそうは思っていなく、逆に尊敬されている部分の方が圧倒的に多いと思っている。尊敬しているとはあまり言われないが、**「頼りにしています」「あなたは天才です」**と言われる。

正直、善行《ぜんぎょう》は積んでいないが、**「これだけ周りの人から敬愛されたなら、病気になって死んでもいいかな」**と悟るのだ。癌などの痛みは怖いが、それも多くの人たちが共有している悩みだ。私だけが怖がって怯えているのも恥ずかしいと言える。

私には、

人生に悔いがあまりない。

とも言える。

実は「やり残していること」は、たくさんある。ただ、その大半は欲望であり、そのことは別項で述べたい。つまり強欲な人間は死を恐れるという話だ。

【善行を積めば死は怖くなくなる】

死生観について一気に散文を書いていくと、本書は読みにくくなるから、簡単にまとめると、

- 善行を積んだり、異性から敬愛されたら、人は死を恐れなくなる。
- やり残したことがあっても、その人間が強欲でなければ死を恐れない。
- 人が生きていく上で死を恐れなくするには、他人から尊敬される、認められる生き方を模索すること。

ということだ。

自殺の一種にある。「**十分に善い行いをしてきて、多くの人たちのために生きた。だからもう死ぬ**」という心理だ。

短絡的な事例で言うと、凶悪犯罪者は、「死刑」を嫌がり、人気があった有名人が自殺をしたりする。その有名人は善い人がほとんどだ。または実績があった人だ。


私は中学時代、死ぬのを怖がっていた男だ。

だから、心臓神経症という病を少年時代に発症した。その少年時代に私は社会に屈していた。差別され、ほぼ孤立していた。誰も信じられなくなっていた。

その病はほぼ完治している。

35年間、(あまり言いたくないが)努力をしてきた。

特に、「負けない」努力は人一倍だった。

学歴社会なので、まず、学歴が不問で勝負できる世界にいないといけなく、作家を目指した。
簡単に言っているが、なれたとしても売れることはとても難しい世界だ。
努力の具体例は書けないが、

自分に厳しく他人にも厳しい。

と思っていただきたい。
私の生き方である。
自分に徹底的に厳しい。
親しい人にも厳しい。
その結果、死が怖くなくなった。そして人生が楽しくもなった。

【自分を厳しく律する】

私の本の内容が読者に厳しくて、読者は他人だから攻撃されてしまうのだが、親しい人は、まっとうな注意には耳を傾けるものだ。しかも、私がそれなりの成功者だから説得力があるのかも知れなく、傾聴するのだろう。

最近、30歳くらいの女性とお茶をしていたら、彼女が同僚の男性の話を始めた。その時に、「その男の子が」と口にしたので、「男の子？　新人の社員か」と訊いたら、「あ、違う。同い年くらいの」と口ごもった。すでに怒る必要はないが、「俺の読者なら、男、男性、男の人、男の子はきちんと使い分けなさい」と真顔で言うと、「はい」と頷《うなず》いた。

そう、他人に厳しいと言っても、相手が女性ならこの程度だ。だが、男だと容赦《ようしゃ》しないところがある。礼儀の基本中の基本が出来ない仕事相手は、翌日には縁を切る。

自分に厳しい部分は、仕事以外の例では、先日、椿山荘《ちんざんそう》の庭園で蛍を見るために出かけたが、ロビーラウンジにも行くからと、Burberry の革靴を履いた。それはそれは庭園内が歩きにくいのだ（しかも雨）。しかし、高級ホテルのレストランでスニーカーはだめだ。椿山荘なら注意してこないかも知れないが、私が自分を許さないのだ。他の本に書いたが、こんなこともあった。車に女の子を乗せる直前に、車用のメガネを壊してしまった。パソコン用のメガネはあって、それでも運転は出来るが、万が一のことを考えて、彼女を電車で帰らせた。

「女性を車に乗せる時、俺は心身ともに完璧でなければならない」

ということだ。自分に厳しいのだ。その時の愛車は助手席サイドエアバッグがオプションだったが、高いお金を使って装着したものだ。そこで、大したお金持ちでもない私はお金で苦労するが、それも自分に対する修行のようなものだと考えている。

【高学歴者でも死を恐れる】

最後に自慢話になるが、そう無学でここまできたのだ（この話が一番中傷される）。

まずは学歴社会という巨悪に勝ったことで大満足だし、仕事だけではなく、その無学な男にかわいらしい女性が付いてきてくれる。出版社の中には、他人に厳しい私を嫌悪している人もいるかも知れないが、仕事の依頼は15年、絶え間なく続いている。そう、学歴もコネもないのに。

高学歴の男がそのまま、その高学歴を生かし、大出世しても同じく大満足で、やはり、世の中に勝つと、人は「**やり遂げた**」と考えるはずだ。高学歴の人たちは高校生時代に猛勉強をしたのだろうし、その苦労が報われた達成感があるだろう。

問題は、無学でそのまま社会に潰されてしまった人間、高学歴なのに出世できなかった人間である。

彼らは、死を恐れる。

私はそう思うがどうだろうか。

【死んだら体は灰になるが、魂は生きている者に宿る】

なお、「死んだらどうなるのだろうか。天国はあるのだろうか」と悩む人もいるが、それも死を恐れるあまりの心理で、だが、「天国はない」と分かると悟るらしい。

だから、「天国があったらいいな。だったら死ぬのも怖くない」と、現実を怖がっている人は、徹底的に、死後の世界があるかないか研究でもすればいいでしょう。

私の見解では、死んだら「無」になる。灰になるということだ。当たり前だ。

だが、**死者の魂は、生きている者に宿る。**

死者が生きている者のもとに行くのか、生きている者が呼ぶのかは分からない。

その魂が邪悪な人間（動物も含む）のものでなければ、魂を宿らせた人間は幸せに生きられる。

邪悪な魂が宿ったら、その人間も邪悪な行動にはしる。

邪悪な魂は、あなたのご先祖様に殺された人間や動物のものかも知れないし、死んだばかりの親かも知れない。邪悪な魂が強大だったら、それを宿らせた人間に殺されるかも知れない。

私には、愛していた猫の魂がついている。

車を運転していると、「猫が飛び出してくるから注意して」と教えてくれる。ブレーキをかけると、路肩から猫が出てくるものだ。

車の中に置いてあるその猫の遺影に、「ありがとう」と言って、写真を撫でてあげるのだ。

宗教的な話になったが、感覚的にそう思っているだけで研究しているのではない。希望的な話の後に、冷水を浴びせることになるが、正直、どうでもいいことと言える。

今、どう生きるか。

それが重要なのだ。

そのどう生きるかも、とても簡単で、あなたたちが嫌いな努力と善行を積むことで、仕事も適当でセックスばかりしている男や超合理的に生きる計画を立てているものや、すぐに努力を投げ出す人は、ずっと死の恐怖に震えながら生きるしかないと言える。

なぜ強欲な人間ほど死を恐れるのか

【人の欲望には際限がない】

『強欲』というと男のイメージが強いが、女性にも多く、売春行為をしてまで高級ブランド品を欲しがる女は、強欲の最たる人間だと思っている。売春に対して、私は肯定的だが、それは、仕事ができなくて困っている女の子などに対してであり、ＯＬの安月給ではブランド品は買えないし、海外旅行にも行けないからと、女子高生の援助交際みたいな事をしている女はどうかしている。

男の方の『欲望』はきりがない。

齢《よわい》80歳のご老人でも、権力という欲にしがみつくものだ。権力がなくなったら、権力者の邪魔をする。元総理の鳩山、村山などがそうだ。

もちろん、「女は人形にしか見えない」と精力の衰えをカミングアウトした老人を除き、70歳になっても銀座や祇園に行きたがる。ある大御所の著名人が、「若い女はバカばかりで話にならない」と言っていて、別の対談では、「若い女の子にもてたいから白髪を染めようかな」と笑っていた。つまり、若い女の子と付き合う気はないが、セックスはしたいという話だ。

【妻への感謝よりも趣味（欲）が上回ってはいけない】

男の場合、多趣味な人が多く、それをとことん満たすまでは死にたくない、と思い込んでいる人がいる。歳をとってくると、思い込みではなく、思い悩み、人間ドッグを定期的に受けるものだ。レントゲンを撮りまくって、逆に被ばくしているとも言える。

「趣味は良くない」

と私が再三繰り返しているのは、そんな理由もある。

死ぬ間際に、「巨人が優勝する瞬間を見るまでは死ねない」とは、よくあるセリフだが、聞いている妻はがっかりするのではないか。

仕事なら、感動的にもなる。先日、俳優の今井雅之さんが癌でなくなったが、「次の映画を作る」と、力強く言っていた。これが、一般人で、趣味に言及していたらどこか笑えないのだ。病床で、「まだ釣ったことがない魚がいる」「あの酒を飲んでみたい」とか言い続け、妻への感謝の気持ちをほとんど語らずに、死んでしまったらどうか。

そんな男も一部だと思うが、強欲な人間とはそういうものだ。

そもそも、強欲な時点で、

「愛」よりも「欲」が勝っているのだ。

死を恐れている者は、欲の塊で、愛されていない。または、愛されているのに、欲を優先しているとも言える。その妻なり夫は、欲を優先しているパートナーを憐憫《れんびん》の眼差しで見ているが、以前は愛していたのだろうし、欲を優先されていても仕事もできるから許しているのかも知れない。

しかし、繰り返すが、医師から死を宣告された時、趣味（欲）の話ばかりを始めたら、妻はがっかりするだろう。

【強欲でなければ死は怖くない】

私の話をする。

「死が怖くない」が癌などの痛みは怖いし、事故死は怖い。しかし、気が付いたら死んでいたような死に対しての恐怖はない。

今、50歳だが、かなり気持ちが疲労しているから、どうでもよくなった。というと、弱っている男に見えるが、それが逆に、「死の恐怖の克服」に繋がって

いて、傍から見ると強いのである。本書はそういう話だ。

しかも、熱狂している趣味もない。つまり強欲な部分がないのである。

恋愛でやり残したことがあるが、それも完璧主義的な考え方からくる「やり残し」で、実は達成はしているのだ。例えて言うなら、「100人の女とセックスをしたい。それが夢だ」という男が、「90人」の直前で癌になったら、ひどく「やり残した」と苦悩するのかと言うと、そうではないと思う。私の、やり残した恋愛もそれに酷似している。100人斬りではないのであしからず。

他に、私の趣味があるとすれば、写真と車だが、写真の方はもう追求する部分はない。富士山の写真を撮ったり、集めたりしていたが、冬の富士山を撮影に行く体力がなくなった。付き合ってくれる人もいないのだ。アイドルや女優さんの写真は、これから児童ポルノの問題で複雑になるから、水着のアイドルのグラビアは激減するだろう。芸プロの人に頼んで、17歳くらいのアイドルの卵を撮影するのも、神経を使って面白くない。この辺りの趣味は安倍に殺されたと言える。日本中のアイドルオタクが安倍を恨んでいるのは明白で、私もその一人だ。外交は評価しているからいいもので、それもだめだったら、自民党には二度と投票しないだろう。

断っておくが、私はあくまでも写真が好きなのであり、アイドルやAKBオタクではない。AKBで言うと、選挙の上位にいる人の名前しか知らないし、他のアイドルグループも多いそうだが、誰も知らない。女優さんにしても、有村架純さんくらいに人気が出てくる若い子しか分からない。話はかなり私的な言い訳になっているが、アイドルの水着写真と富士山の写真が私にとっては同列、同じものなのだ。

もっと心理学的な説明もできるが、編集者に叱られるから短く分かりやすく言うと、アイドルや若い女優さんのグラビアで「性的興奮」などしない。若い頃からずっとそうだ。

富士山の写真とアイドルの水着写真と猫のかわいい写真が一緒に並べて、部屋に貼ってあるのだ。

オチをつけると、宮沢りえさんの17歳の時の有名なヌード写真でも興奮したことがないのに、それを持っているだけで逮捕されるようになるわけで、そんな国家権力が増強してきた今の日本で、「長生きする気はない」という話だ。前の方の原稿で言ったが、そう、「どこか国家権力が弱い国に永住できれば長生きしたい」と考え直すと思う。

どちらにしても、自分から自殺する気もないし、神経質にレントゲンばかり撮ることもないということだ。

【趣味はほどほどがいい】

最近、将棋を始めた。

その将棋に対しての欲が少しばかりある。少年時代の棋力に戻したいのだ。将棋は若いほど強く、歳をとるとあっという間に力がなくなる。高齢までトップでいた棋士など僅かしかいないものだ。将棋のプロを目指した事がある少年時代と比べて、今の私の棋力は著しく下がっている。それを上げたい欲があるのだ。しかし、それにしても、『不可能』に近いので、臨終の時に、「山口恵梨子プロと平手で指して勝ちたかった」とか言わないと思うし、車の趣味にしても、「まだ乗っていないメーカーがある。フェラーリもポルシェもフォルクスワーゲンもスバルも、まだ乗っていない。BMWとホンダだけでは不満だ。後悔している」と言い出したら、それこそ強欲の塊で、100歳を過ぎても、「死にたくない」と、ぼやいている老人と同じになってしまうだろう。

本項では、「**趣味はほどほどに**」と言っているのだ。

いつもの話だ。

それが、「仕事が疎かになるから」というテーマで書かれてきたが、「**死ぬのも怖くなる、怖がりな男になりますよ**」と警鐘しているのだ。

【モノへの執着を捨てよう】

「後生《ごしょう》大事に…」

最近、この言葉をよく思う。

壊れた家電を捨てられない人がそうだが、「後生大事に持っておくものではない」と言われてしまう。それはとても正しい注意だと思う。

「愛着があるから」

と言うが、死んだら、その愛着のあるモノを誰が管理するのか。夫婦で愛着があったならともかく、夫、つまり男のほうだけだったら、妻は途方に暮れてしまう。棺桶にも入らないモノが多いだろう。

趣味はそれにあたる。

簡単に処分できない趣味だったら、すぐにやめた方が無難だ。体調が悪くなる度に「癌かも知れない。あの宝物はどうしようか」と右往左往する。パソコンやHDDの中にびっしりとポルノ関連の映像やらが入っていたら、病気になった時に、処分するかしないか迷う。「処分したら、死ななかった」となると、後悔して、人生を憂うし、それをまた収集すると、また病気になった時にどうしていいのか分からなくなる。

仕事に使っていないパソコンなら、妻がソフマップに持っていき、破壊してくれると思うが、価値が高そうなモノになると、残された家族が気を遣うものだ。

百害あって一利なしとは、まさに趣味のことである。

ちょっとした気晴らしにする程度の趣味に文句を言っているのではない。**熱中しすぎている趣味をやめるように言ってきたのだ。そこを読解してほしい。**

強欲な人間は、もうどうしようもない。

【アンジェリーナ・ジョリーに見る強欲さ】

視点を変えて、最後にこんな事例をお話しよう。

女優のアンジェリーナ・ジョリーさんは、3年前の37歳の時に乳房の切除手術をした。

医師から、「乳癌になる確率が高い」と検査の結果、言われたからだが、女性が大事な乳房にメスを入れることはかなり勇気がいる。彼女の場合、傷が少しだけ残る手術だったらしいが、もちろん、お金持ちだからできるものだ。

経歴を見ると、強欲だと分かる。客観的な見方で、私は彼女には興味がない。

「慈善活動をあんなにしているのに」

と怒った人もいるだろう。そう、だから強欲というよりも、名誉欲の塊なのである。

トップ女優としてのすべての汚名は無くしたい。そのためなら、乳癌の予防手術までもイメージ作りにする。彼女は、父親が浮気ばかりしていて、父親と絶縁した女性だが、ブラッド・ピットとは不倫で結婚した。この矛盾をどうしたらいいのか、悩むところだ。

日本のマスコミはハリウッドスターは叩かないが、日本の女優さんだったら、週刊誌の餌食だろう。

映画の役柄も、『トゥームレイダー』など拳銃を乱れ撃ちする役のイメージが強く、ルックスとスタイルが抜群とはいえ、「女性らしさ」のアピールは足りない。そこで慈善活動に余念がないという見解である。さらに、乳房の切除。世界中に、乳癌の怖さを教え、発信した。現実には、お金のない人には無理な手術であり、術後の検査も含め、繰り返すがお金持ちにしかできない。私から言わせれば、世界中のお金のない女性を恐怖のどん底に落としたとも言える。

彼女の資産は1億ドルはある。

「セックスの経験はたったの4人」

と発言したのも、ピットを前妻から奪った形になった悪いイメージを払拭したかったのだろう。20歳前まではドラッグ漬けだったり、ナイフ収集が趣味だったり、レズビアンでSM嗜好だったことが分かっており、セックスの経験数が少ないのはそのためだろうと揶揄されるが、言わなくてよいことを言う人は、名誉挽回に努めているのである。私もそうだと、笑っておきたい。

世界的な人気女優の彼女は、女性特有の癌にとても恐怖している。実際に卵巣も摘出した。検査で癌の疑いがあったからである。適切な処置とも言えるが、実は疑いがかかる前から、「摘出する」と公言していた。乳房の切除とセットだったわけだ。

視点を変えると、彼女は20歳の娘ではない。40歳である。しかも、多くの財産と名誉を得ている。

説得力はまるでないが、もし私が彼女と同じくらいお金持ちでも、「前立腺癌の疑いがある」と言われただけで、手術には踏み切らない。もちろん、40歳の時に、そう医師に言われたら、だ。

セックスができなくなる、または勃起しなくなるなら、もう少し様子を見て、東洋医学の治療をしてみる。と言うだろう。温泉、鍼灸《しんきゅう》、漢方などだ。それでも、血液検査の炎症値があがってきたら、そこであきらめて、手術する。

彼女のような破天荒な少女時代を送ってきた女性は、実は私の好みだが、そのまま突っ走ってくれればいいのに、清純派のような発言をしたり、イメージ回復に努めたりすると興ざめしてしまう。彼女がそれをやっているのは、『死が怖い』からだ。

その恐怖は、強烈な名誉欲からきている。

「名誉を回復する前に死んだらたまらん」

ということだ。

これも強欲の一種。

彼女自身には、結果的に、正しい選択、判断だったかも知れない。

もしかすると、彼女の意志ではなく、ピットがそうさせていたのかも知れない。

どちらにしても、正しくても、女性の体の大切な部分に、どんどんメスを入れていくのは尋常ではないと言える。他のハリウッド女優さんの中にも、母親や親戚の叔母さんが乳癌になっている人がいるはずだが、ハリウッド「セレブ」たちが切除しているのは、ほとんど癌が見つかってからで、アンジェリーナ・ジョリーのように見つかる前から切除していく女性は珍しい。彼女が発症する確率が高かった乳癌は遺伝的な悪質な乳癌で、もし癌になったら手遅れということにもなるらしいからだが、どこか腑《ふ》に落ちないのである。

いや、乳癌になるリスクが高いなら、先に予防するべきだろう。子宮頸がんのワクチンも日本にはある。乳癌の予防は大事だ。

主題は、アンジェリーナ・ジョリーさんが、極度に死を恐れていたということだ。

強欲だったからである。

いかに死ぬかで男の価値は決まる

【金による結びつきはもろい】

人と人は助け合いだ。

男と女もそう。助け合いだと私は語気を強めて言ってきた。なぜ、女性たちは、「男に負けない」などという好戦的な言葉を使うのか。正直、その女がリスペクトされて死んでいくことはほとんどない。少しばかり美女だと、自分がたくさんの男たちから好かれていて、ビジネス上も頼りにされていると思うだろうが、男の方はほとんどが体が目的で見ているか、セックスがなくても、ビジネスの現場にかわいい女性がいたら、「それで面白い」と、つまり男同士でやるよりは楽しいと思っているに過ぎなく、その女がお金を稼ぐばかりの人間だったら、尚更、人間性は見てもらっていない。大きめのおっぱいと、繰り返すが、少しばかりのかわいらしい顔を見られているだけである。

男の場合も同じだ。

金、金、金では、誰も付いてこない。

付いてきているように見えても、それは金に付いてきているのであり、そんな当たり前のことは説教臭くて言いたくないのだが、フェイスブックの豪遊自慢が枚挙にいとまがないことから、勘違いをしている男たちが大勢いるとしか思えない。

アフリカの草食動物のように群れて、「仲間」「友達」と叫んで、それで多くの友人を作って慕われていると錯覚しているが、まあ、50歳になった時には20人いたうちの18人はいなくなっていると断言してもいいだろう。特に、途中でビジネスが失敗した時や、仲間の1人が裏切った時、仲間の1人が抜け出してしまった時に、その群れは群れられなくなる。

助け合っていたと勘違いしていたとも言える。

草食動物の群れは強欲ではない。

しかし、最近見られるＩＴビジネスでの一発屋志望が集まった男たちは（女も）、強欲だ。

「成功してやる」「一発儲けてやる」「お金持ちになってやる」「負けないぜ」という行動で、群れているなんてまさに一触即発。誰かが裏切ったり、抜け出した途端に、最悪では人が死ぬ。

彼らには私がいくら言っても分からないから、もうこの辺でやめておきたい。

【男の持つ金よりも器の大きさに最後に女性は惹かれる】

超合理的に仕事をし、あっという間にお金を稼ぎ、それなのに、彼女がいなかったり、家族がいなかったりする男が多い。豪遊した翌日はアットホームな光景を見せている男などいない。

豪遊したり、そんな成功を目指した男は孤立しているものだ。

女もバカではない。

努力していない男など、屁理屈しか言わなくて、経験値が浅いことが分かるから、「尽くしたい」とは考えない。お金を貰ったら、どこかで別れようと思っている。

ある男が一発稼いだお金で、恋人の女の子を助けたとしよう。しかし、アフターサービスが出来なければ、「お金だけの男だったのか」と彼女は悟る。的確なアドバイス。男らしい決断力。父性に満ちた器。本当の弱者に対する優しさ。女性に対する信念。偽善的ではない言葉。

長く、女と一緒にいるとお金では解決できない問題が噴出してくるものだ。

先日、こんなことがあった。息子が林間学校に行く直前の土曜日に、学校で足を痛めた。教師がすぐに病院に行くように妻に言った。林間学校ではハイキングもあるらしいし、学校でのケガは今どきは洒落にならないのだろう。妻も焦って病院に行こうとしたが、それを止めたのが私だ。

「その足を見せろ」

と（すでに呆れていて、面倒臭い）。

触診《しょくしん》したら、関節の捻挫《ねんざ》ではなく、場所がかかと。しかも腫《は》れている様子もないから、公園に連れていき、キャッチボールをして左右に走らせた。痛いなりにも十分走れるのである。

それをスマホの動画に撮影して、終了だ。

病院に行く必要などないと、私が判断した。学校から電話があって、妻が教師にそれを説明したということだ。元気に走っている動画もあったら文句はなかろう。

昔の本にも書いているが、マニュアル通りに行動していても、オロオロしていても誰もその男を信頼などしない。**何事もお金で簡単に解決してきた男には、判断力や決断力が絶対にない。**

もちろん、金が解決しないといけない状況も多々ある。

しかし、その後が問題だ。さっき、アフターサービスとふざけた言葉を使ったが、それは「責任」のこと。

お金を使い、相手、特に女性を助けた後に、責任を取る。長く付き合うか、結婚をしないと、「金で解決しただけの男」になってしまう。または、金で解決した後に、さっと消える。

これがお金の、そう、大金の使い方だ。

それを誤ると、どうなるか。

お金を一発で稼いだ男は、お金の使い方を知らない。だから信頼を得られない。

その大金はほとんどが努力に努力を重ねて、できたお金ではないし、善行を積み重ねてできたお金でもない。

賢い女性はそれを見ているが、彼女も人の子。一時はお金に溺れる。しかし、お金が必要ではない場面で、その男が何も行動力を示すことができないと、お金の価値と男の強さ、器の大きさの価値を比べて、後者の方を重要とするものだ。

【あなたは誰のためにお金を稼ぎたいのか】

当たり前の話だが、死んだら喜ばれる男がいるものだ。

「この人が死んだら、お金が入る」

保険金のことだ。妻がそう思うだろう。

「この人が死んだら、うるさいのがいなくなる」

「この人が死んだら、わたしは楽になれる」

また、

「この人が死んだところで、わたしの生活は変わらない」

と淡々としている女性もいるかも知れない。

こんな話を聞いたことがある。

あるスポーツ選手が、生命保険に入ろうとした。そのスポーツの事故で死ぬかも知れないからだ。滅多に死なないスポーツだが念のためだ。すると奥さんがこう言った。

「パパが死んでお金が入ってきても意味がないのよ。そんなのには入らないで、長生きしてほしい」

と。

微笑ましい話だが、真剣な、そして妻には神妙な気配が漂っている。

男の方としては、自分がもし突然死んで、家族が食べていけなくなったら大変だから、そのプレッシャーから逃れるために生命保険に入りたがることもある。そこは妻もくんでやった方がいいだろう。

さて、**あなたは誰のためにお金を稼ぎたいのか**。

自分の快楽のためか。それはもちろん良いことだ。自分が楽しいと周りも楽しくなる。私はそう言ってきた。だが、それをずっと続けていたり、それを「簡単に」やろうとしたらいけないとも言ってきた。また、『中身』がないのも人は感銘しない。

中身がないのだ。

フェイスブックのビジネス自慢には。

【死ぬとき『もっと教えてください』と言われるのが最高の死に方】

ある宗教の偉人が死を迎えた時、弟子たちが、**「死なないでください。もっと教えてください」**と号泣した。

あなたが死を迎えた時、

「もっと教えてください」

と言われるかどうか、ということだ。

「おまえが死んだら食っていけなくなる」

と思われたら、その死には価値がない。

お金は世界中にあるが、その人間は世界に1人しかいない。

だから、本当は死んだら困るのである。誰が死んでも困るのだ。絶滅危惧動物の最後の1頭が死んだようなものだ。

なのに、さして哀しまれない。

葬式が終わったら、皆、淡々としていたり、笑っていたりする。

私には、未だに、「なぜ、死んでしまったんだ」と、時々思い出し、寂しくなる人が数人いる。その男たちは、私を助けてくれた人たち。しかもお金ではなく、大きな器やアイデアでだ。

一方、お金での付き合いだった人たちには、まるで関心がない。

「え？　死んだの？　あっそう」

という程度だ。とても仲良くしていたはずなのに、と教えてくれた人はびっくりするものだが、お金を吸い取るだけ吸い取ったような男や、失敗ばかりして迷惑だった男、私の本が売れなくなったらいなくなった男がどこかで死んだところで興味はない。相手も、私のことは忘却の彼方のまま死んだと思うが、そういう付き合いが、「あり」だと思っていた時期が私にはあった。それはとても愚行だった。

仕事なのか、道楽なのか、金が目当てなのか。

なんだか分からない付き合いだ。それを「仲間」「友達」とも言っていた。

本当に時間の無駄遣いをした。

【努力している男にこそ価値がある】

「あなたが死んだら困る」

もちろん、お金がなくなるからではなく、「寂しい」なんていう少女の恋愛感情のようなことでもなく、そう、「導いてくるあなたがいないと困る」「あなたのような立派な人が死んだら困る」という感情を周囲の人たちが持ってこそ、その男には死んだ価値が生まれるのだ。

努力をしている男は、とても偉大なのだ。

努力という言葉が大嫌いだと思うが、賢い女に惚れて、ふられたら分かるだろう。

努力していない男には価値がない、と。

今からでも遅くはない。刹那《せつな》的な「仲間」のためや自分の自慢話のために稼ぐのではなく、恋人や妻や親のために稼いでみてほしい。

賢い女や経験豊富な親は、あなたが持ってきた1万円のそのお金がどんなお金か見るだろう。

それで、あなたの価値が決まり、あなたが死んだ時に、誰がどんな哀しみ方をするのかも決まる。

覚悟を決めた、実績のある高齢者の話に耳を傾ける

【死期が迫った男は暴走しない】

比較的若い男に、力がないことはない。

能力はある。才能もある。

ただ、**男は若いと暴走する**。それだけのことだ。

だから、高齢のベテランがいないといけない。その才能がある若い男に、指導者として、または父親のような役目で。

先に言っておくが、「老害」という頭のおかしな老人も多い。

見極め方は、退屈そうにしているかしていないか、それくらいだと思っている。退屈そうな老人はほとんど老害。近所のゴミ出しに対して文句ばかり言っているか、孫の教育に苦情の電話をしているか、テレビの番組に腹をたて、クレームの電話を入れているものだ。

仮に50歳以上をベテランの指導者だとして、その本人が、いまだ充実した仕事をしていたら、その男は優秀で柔軟と言える。歳をとればとるほどに柔軟になる。

それは、

死期が迫っているからだ。

若いうちは、普通に生活しているかぎりは、すぐには死なない。

その男がちょっと才能があって、上に立つと、必ず暴走する。

会社だったら、その会社の「権力者」になりたがる。

スポーツのチームだったら、サッカーのネイマールみたいなことになる。若い才気溢れる男を中心にした会社、チームはとても危なっかしいのだが、その若い男はベテランの言うことを聞かないものだ。

私も、もうベテランに近づいてきたが、若い男で、ちょっとビジネスが上手くいきだしたり、今なら、フェイスブックで「若い者同士の仲間」が増えたりすると、もう、私の話なんか右の耳から左の耳に抜けていくばかりで、なんにも聞かないものだ。

その若い者たちで作ったネットビジネスの会社が成功することは、ほとんどないが、それこそ、アメリカンドリームの成功を自分に重ね、無理な妄想をしているのだと思う。

それは志ではなく、強欲というもので、アメリカは広いが日本は狭いし、20歳くらいで抜け出して来たら、才能がありそうだが、30歳を過ぎても、ウロウロしているだけでは、ちゃんと、ベテランの言うことを聞かないとだめなのだ。

若い男とベテランの男との決定的な違いは、経験値もあるが、繰り返すよう

に、**ベテランはもう死期が迫っていることだ**。その哀しみと危機感は、若い男

には絶対に分からない。

残された時間は若者や息子の指導にあてよう。

と考える男が、暴走することはない。

齢、70歳を過ぎても、「金を貯めこむ」と頑《かたく》なに株投資などをしているバカ

は論外だが、私の好きな将棋の世界では、40歳を過ぎると、ほとんどの棋士が

若手の育成に努めるようになる。「子供教室」を開いたりするものだ。子供教

室で暴走するベテランもいまい。もちろん、将棋のプロを目指す子供たちも、

アマチュアとして強くなりたい若い男たちも、プロ棋士の指導を受け、礼儀な

どを覚える。

将棋の定跡《じょうせき》などの勉強以外に、礼儀や対局姿勢なども勉強するものだ。

【若くして権力を握れば人は暴走する】

さて、話を少し政治のことに向けて、分かりやすくしよう。

安倍晋三をどう思うか。

私は戦後最大の権力者だと思っている。

マイナンバー制度の導入はもちろん、「自分には関係ない」と庶民が笑っている、「富裕層の国外移住への課税」など、民主主義に違反している。

国外に出る時に大きく税金を課し、財産を奪うという法律を施行した。

「自由を奪った制度」

と、誰もが驚愕している。富裕層だけではない。有識者も驚いている。

細かな法律をどんどん作り、規制が激しくなり、税金は重くなり…。

しかし、安倍さんは昔はこんな男ではなかった。

「美しい日本」

を連呼し、保守の代表格として、故中川昭一さん、麻生太郎さんと並ぶ人気者だった。保守や愛国者から絶大な人気を誇っていたものだ。他に、考え方が近い大物政治家は、平沼赳夫さんなどがいる。

民主党政権が大失敗をした後、「やっぱり自民党じゃないとだめだ」と、自民党が復権し、安倍が総理になった。谷垣ではなく安倍になった。

結局は、国民の貯蓄、財産を狙った政策がアベノミクスのようだし、言論統制することも自民党の勉強会で議員から口に出るほどになった。

安倍さんは、とても優秀な男だが、実は総理としては若い。

日本の歴代総理大臣が若くなかったから、国民は、「若い総理」に期待した。

だが、若いと、自分が政権を取り、名誉と財産を得た後に、

遊べる時間がたっぷりとある。

もし、70歳以上の男が総理になったら、残された時間が限られているから、

自分の快楽のためよりも、子供や孫のために動くものだ。だから、私は、前から、「総理大臣は高齢者の方がよい」と言っていたが、その予想が的中した結果となったようだ。

サッカーのネイマールは、監督兼選手ではないが、なんとか暴走をドゥンガが止められるかも知れない。だが、監督兼選手のような安倍晋三を止められる男はもういない。

ただ、私は、中国と韓国の嫌がらせから、日本を守りたい気持ちが強いから、その点を強化している安倍さんは評価している。

韓国のヒステリー大統領を放置しているのは最高だ。

【死を覚悟した実績のある男のアドバイスは謙虚に受け入れよう】

話を戻すと、そう、比較的若い男がトップに立ったり、何か大きなことをやろうとすると、暴走するという話だ。失敗するとも言えるが、安倍政権は長期化していて、失敗しているとは見た目には言えないから、ここでは暴走という言葉を使った。

不詳、私が若い男にアドバイスをしたとしよう。ほとんどが基本的なことだ。それを聞き入れて、実践する男は、まだ、何もできていないこれからの男で、少しばかり調子が出ていると、まったく言うことを聞かない。

少し調子が出ているとは、

年収が増えてきた、仲間が増えてきた、周囲がチヤホヤしている、人気者になっている、

ということだ。

昔、こんな話を聞いたことがある。尾崎豊のライブを観に行ったある若い新人が、「尾崎ってこの程度なんだ」と嗤《わら》ったそうだ。尾崎豊が、1回クスリで捕まった後のライブで、以前ほどの迫力がなかったらしい。その新人は期待されていた男だったらしいが、その後、売れた話は聞いていない。もしかしたら、売れているのかもしれず、うろ覚えで恐縮だが、尾崎豊が活躍していた頃に、私はまだ作家になっておらず、記事や資料を集めて残してはいなかった。

若者はそれくらいの自信があった方がいいのだが、その時に、傍にいる年上の男にたしなめられた時にどうするかで、その若い男の未来は決定する。

音楽の話で進めると、「ビートルズなんか全然ロックじゃない」と鼻で嗤っていたあるバンドは、その時には売れていたが、その後は消えた。逆に、ビートルズを「偉大」と言っているバンドやミュージシャンの方が残っていると思える。

調子に乗って、自惚《うぬぼ》れてはいけない話だが、調子に乗って自惚れた男（女も）、実は止める手立てはない。

それを講演会や個別のコンサルティングで実感した。

指導するだけ無駄だと思っている。

そして彼らが成功することはまずない。

お金持ちになることが成功なら、なんとか軽蔑されながら成功者になれるかも知れない。

「おまえも軽蔑されているぞ」

と、どこかで言われているだろうが批評家のような部分があるからアンチが出来るのは仕方ないし、それが大義名分になるから、子供にはあまり影響は与えない。

「お父さんの仕事は嫌われても当たり前」と、子供が分かるものだ。しかし、一般人のビジネスで、「嫌われて当たり前」と堂々と言えるビジネスはあまりないものだ。税務署の職員とかだろうか。

よく、「**孤独はいいが孤立はいけない**」と指導しているが、私自身が、孤立していなく、家族にも愛されているから、孤独な感覚がとても心地良いという意味だ。

そんな孤立を避けるために、基本的な生き方論を講演会で喋るが、50人来場していたら、実践してくれる男女は10人くらいだろう。

女性なんか、悪い男と結婚したら、離婚から孤立になる確率が高いのに、私の言うことなどなんにも聞かないものだ。

暴力的な彼氏と別れないのだ。愚かとしか言えない。

男たちもそうだ。

「最近の男の子は群れていて、気持ち悪い。自立していない」

と女の子が言っているのに、その群れている仲間の中に、女子が一人でもいたら、「群れていてよし」と思い込む。

「軽自動車なんかに乗りたくない。怖いし、私に価値がないように扱われているとしか思えない」

と、女性たちが言っているのに、

「軽自動車を嫌がる女は昭和のおばさんか」

とか嘯《うそぶ》いている。

「グルメ投稿を繰り返しているおまえは、尊敬される人物にはならないよ」

と、ごく当たり前のことを教えるのに、グルメ投稿も、「今から出かけます」投稿も、「筋トレしています」投稿も止めない。

私は長くないのだ。

と言って、70歳まで生きたら笑われるが、若者に指導する時に、私利私欲は考えない。自分には、利益にならない話をする。それは、「正解」を喋っているとも言える。

ＡＫＢの渡辺麻友のような女の子がやってきたら、「彼氏と別れて俺と」という気持ちは出るだろうが、そんな美女はやってこないから、真剣に、「その男は危険だよ」と教える。私よりもずっと成功している男や、大手出版関係者の男がやってきたら、「お金になる」と思うかも知れないが、そんな男もやってこない。

実績のあるベテランが、たまたま出会った若い人たちに、何か真剣な話をしていたら、それはほとんどが正論を述べているものだ。

そう、ただし、実績がない40歳以上の男は、正直、だめだ。

とんちんかんな言葉を作ると相場が決まっている。

私が若い頃に、「ファミレスが高級レストランだ」と言ったおじさんがいたが、「ついていくのはやめよう」と、若者だった私は判断した。

今、私が50歳になり、それと似たような言葉を作っている40歳以上の男たちを、たまに見かける。彼らには実績はない。何かに特化した研究をしていて、その話が出来るならいいのだが、それもなかったら、実績がない男とは遊ぶだけにとどめてもらいたい。

実は実績がない男でも、人間性が優れた人はいっぱいいる。きっと私よりも。ただ、実績がないと自信もないから、若者に堂々と指導できないのだ。

将棋のプロ棋士にしても、六段以上にならないと、子供教室は開きにくいかも知れない。


死を覚悟するようになった実績のある男の指導は真摯に受けることだ。

と書いても、きっと受けないと思うが、それが若者の特権と昔から言われているようだ。

面白くないか。

この話がちっとも面白くなくて、「親父の説教」と思うなら、そう、その若者が成功するなら、その人は天才か、軽蔑されることや嫌われること、あくどいことをしての成功である。

私は困った時に、実績のある男の家に行き、教えを受けてきた。

彼らはもうこの世にいない。

感謝してやまない。

第2章

人はなぜ自殺するのか

自殺の兆候に見る、人が死ぬ理由

【後藤浩輝さんの自殺】

競馬のトップ騎手である後藤浩輝さんが、自殺をし、競馬界だけではなく、スポーツ界、親交があった芸能界にも衝撃がはしった。

天真爛漫《てんしんらんまん》な人柄で、自殺する直前も明るくフェイスブックを更新していた。

友人らを楽しませるのが好きで、プレゼントをしたりお祝いをしたりするのが好きで、好青年だった。

「なぜ、自殺をしたのか分からない」

「自殺をするような男ではない」

と、皆、絶句したものだ。

私は競馬とは絶縁しているので、後藤さんのことは書かない。だけど、酒の席でお会いしたこともあり、とてもショックを受けている。

【わかりやすい自殺の兆候】

精神医学でも、『自殺する人のその直前に見せる兆候』は、「言われなくても分かるよ」と苦笑してしまう例ばかりで、例えば、**「遺書を書く」「宝物を友人に譲る」**などで、それくらい素人でも察するので、専門家も、人が自殺する原因を分析できないという証《あかし》にもなる。

他に列挙していくと、**「急に大好きだった趣味をやめる」**。これは宝物を友人に譲るのと似ている。**「辛いことがあったのに、奇妙に笑っている」**。これはすでに心が破綻しているのだと思う。**「うわの空で人の話を聞かない」「身嗜《みだしな》みが**

疎かになる」「家事をしなくなる」。逆に、**「部屋の整理を始める」**。

自殺する人の部屋がゴミ屋敷というのはよくある話だが、そうではなく、それなりに普通の部屋をずっと保っていた人が、それをさらに綺麗に掃除し、本などをきちんと並べたりするのが、異常行動ということだ。

しかし、実はこれら、私がよくやっているのだ。

知ってのとおり、失敗だらけの人生が継続中で、しかももう若くない。

先日、ある宝物を友人にあげたし、辛い時期に、大好きだった趣味をやめたことがある。まあ、それは好きだったのが嫌いになったからなのだが。

最近、4日くらい風呂に入らなかった。

「風呂を沸かしてほしい」

と、家族に頼んでおいて、入らないのである。疲れていて。

髭は剃らないし、髪の毛も洗わない、というのも、1年に何回もある。

その時にはよく、「日本が嫌いになった」とか、「熟睡できない」とか悩んでいるものだ。だが、私はそんなことを10年以上繰り返しているが、まだ自殺をしていない。

ちなみに、遺書もずっと前に書いたことがある。

古くなった時に捨てたが。

やはりこの中では、「**性格が変化する**」のが一番怖いのではないか。

普段、笑わない人が笑っている。

優しい人が怒りっぽくなる。

泣かない人が泣き出す。

これらは私にないものだ。

私は、性格や表情はずっと変わらないのだ。

どんなに辛いことがあっても、涙は見せない男だ。4月に胃潰瘍《いかいよう》になり、治ったと思って、肉を食べたらまたぶり返した時には、かなり落ち込んだが、それでも涙は見せないし、若い頃にも心臓神経症の病気で、地下鉄に乗れなくなった時とか、そんなにショックなことがあっても辛くても泣かない。甘えることもない。女性に、「おっぱいで眠らせてほしい」と言ったこともないから、これらをやりだしたら、私は自殺する直前ということだ。しかし、たま駅長が亡くなったニュースではちょっと泣いた。猫が死ぬのは苦手だ。

私はあまり笑わない方だから、よく笑うようになったらおかしくなったと思うが、実際に楽しいことばかりになったら、それはもちろんOKで、辛いことばかりなのにけらけら笑いだしたら危険としか言えない。

【ネットが自殺を増長させている】

特に厭世的《えんせいてき》でもなく、仕事で辛いことがあったわけでもない人が自殺することもある。
その場合、**過去の傷を蒸し返された**場合が多いと思っている。
自分が受けた若い頃の傷と同じ事件が起こった。
レイプされた女性が、それを忘れかけていた頃に、同じようなレイプの記事を読んでしまい、発作的に自殺する。

ネットでは、古い記事や投稿もずっと残る。

話が逸脱しているように見えるが、**自殺を増長させていると断言してもいい。ネットがだ**。

逮捕されたことがある男が、軽犯罪だったからすぐに出所したが、ネットにはその男の犯行に関する記事や投稿がずっと残っていて、それを新しく会った人に見られてしまう。

リベンジポルノ法はとても良いが、一度流出したSEX写真はもちろん、元彼とのセックスではないツーショット写真も消えない。その元彼にひどい目に遭っていたとして、仲良くしている画像を偶然見てしまったり、新しい彼氏に見られたりして、発作的に自殺。

個人に関する記事は、古くなったら自動的に消えていくようにしないと、人はほとんどが若い頃に過ちを犯しているのに、それが永久にネットに残っていては、ストレスは半端《はんぱ》ではない。

違うだろうか。

現実に、**中傷攻撃の大半は、過去の過ちやトラブルを執拗《しつよう》に責め続け、その人を自殺に追い込むことを目的にしている。**最近はそのネタをネットで検索して探すのだ。

有名人なら、すでに何回も謝罪をし、禊《みそぎ》も済んでいるのに、中傷する時には必ず、その過去の傷を引っ張り出し、本当に、呆然とするほどに奴らはしつこく喋り続けるものだ。

『悪徳の成功法則』（宝島社）のあとがきに、「凶悪殺人犯など、歴史上から抹消してしまえばいいのに」と書いたが、凶悪でもない人の失敗など、なぜ永久にネット上に残しておくのか。まるで、履歴書の一部がネットに記載されたたま、誰でも閲覧できるようにされているみたいだ。

私は高校を中退しているが、それを気にしていないくらい、「俺は天才だから大丈夫」と自信満々の男だった。ところが、20歳くらいの時だっただろうか、テレビを見ていたら、「高校中退者が増えている」という特集をやっていて、どちらかと言うと、「彼ら彼女らがだめになっている」という話だった。それを見て、かなり気分が悪くなったことをうっすらと覚えている。恐らく、今から中学生になる子供や高校生の子供がいる親に向けた特集だと思うが、すでに高校を中退している何万人もの人たちが見たら、生きる気力を無くすかも知れない。どんな特集だったか忘れているのは、途中で消したからだ。

【大切な人の過去の傷を知っておこう】

あなたに大切な人がいたとしよう。
過去にどんな傷があるか知っておく方が良い。
その傷に関するテレビ番組があったら、見せないことだ。
その傷に関する事件があってもだ。
また、大切な人から傷つけられることもあり、それも厳しい状況に陥る。
事例としてはこうだ。

両親が離婚をしている女性がいたとしよう。父親が突然、離婚届を置いて蒸発した。

彼女は、自分は幸せな家庭を築きたいと思い、真面目な男と結婚したが、なんとその夫が突然、いなくなってしまったのだ。離婚届をテーブルの上に置いて。

この運命に向き合える女性は滅多にいまい。

親を呪ったらいいのか、自分が悪かったのか。

答えが出ないと追い詰められるものだ。

「また結婚しても、また夫が逃げていくかも知れない」

と思うと、もう前にも進めない。

その時は友人たちが、「結婚だけが人生ではないよ」と教えないといけない。

そう、最後に、世の中には、「これをしないと人間失格」のような慣習があって、それに人は追い詰められる。

結婚以外のそれを書いていくと、読者に該当する方がいると傷つくから、書かないことにする。

しかし、過去に傷があっても、今、成功していれば、今、幸せなら、その傷を蒸し返されてもそれほど深刻にはならない。

私の友人女性に、「ブス」と言われて虐められていた人がいるが、今はとても美人で、「同窓会はないのか」と息巻いていたものだ。

男ばかりが自殺する理由　その1

【自殺する人は本当に弱いのか】

自殺するのは「逃げた」「弱い」ことなのだろうか。

個人の精神状態を分析して、「これが理由で自殺した」と判断していいのだろうか。無論、本人が、「病気が治らないから自殺する」と言えば、それが理由で、他の理由を探る必要もなく、本人も探られるのが嫌だと思う。

ある男が自殺をした。

「なんて弱い奴なんだ。自殺するなんて」

「仕事が辛いと言っていた。逃げたんだ」

口には出さなくても、同じ仕事をしている人たちが思うかも知れない。

しかし、同じ労働をしていて、辛くても、その2人は同じ生活はしていない。自殺した者は労働に苦しみながら、別の苦しみもあり、自殺しなかった者や自殺するのは卑怯《ひきょう》だと思っている者は、別の苦しみがないか、別の苦しみがあっても、また別に楽しいこと（光という）があるものだ。

ある男が自殺をし、その理由を遺言に書いていれば、それはその遺言通りの理由の自殺で、考察する必要はない。しかし、**遺言がなく、生前、仕事を辛そうにしていた男（女性も）に対して、「弱い人」と決めつけてはいけない。「逃げた」もだめだ。**

【政治社会問題に無関心な者は自殺しない】

そもそも、自殺するしないに関わらず、『強い個人』などどこにもいない。

最強なのが国家なのだ。

国家に歯向かえる一般市民など、日本のどこにもいない。

総理大臣が国会で何かの法案を通す。税金を上げる。

それらを国民は嫌でも強いられる。

先日、車の購入の交渉に出向いたら、消費税の高さに驚愕《きょうがく》した。営業マンも、「これ以上消費税が上がったら、大変なことになる」と愚痴《ぐち》っていた。なのに、消費税は上げていくのだ。

軽減税率を同時に導入しないといけないのに、それは先送り。二重、三重に徴収されている税金が世の中にはたくさんあり、それらも「やめないとだめだ」と野党が言っても、曖昧にされたまま放置される。その野党が与党に変わったら、やはりその無駄な税金は放置する。

ここ10年間の日本の政治を見ていたら、それが一目瞭然である。

安倍政権が長期化し、様々な『規制』を突き付けてきた。

マイナンバー制度にしても、児童ポルノ単純所持にしても、国家権力に利用された冤罪《えんざい》が増えるとしか思えない。

それら、**政治や社会問題に無関心な者は、自殺はしない。**

断言してみせよう。

自殺とは、社会との密接な関係があるのだ。デュルケームの『自殺論』を支持する。

「**頭のいい人間ほど鬱《うつ》になる**」とは、精神医学でも認められているが、同じく、**頭がよく、世の中を洞察している人間ほど自殺をする**のだ。

先に、私が、「児童ポルノ単純所持」と書いたが、それだけを見て、「うわあ、ロリコンを支持する変態だ」と一瞬で思った人が自殺はしないということだ。

とても複雑な法律で、それを知っている者たちは、今、悩んでいるし、安倍政権を恨んでいる。ようは、「子供の裸の写真でもだめなのか」「宮沢りえの写真集を持っていたら逮捕されるのか」「高校から付き合っている彼女と一緒にお風呂に入っている写真を捨てないといけないのか」ということだ。これらには、なぜか、自民党も警察も回答を示さない。

曖昧な法律を作り、国家権力に利用する作戦である。

利権もあるのだろう。

そんな国家権力の汚さ、威力などを分かってしまう男は、ひどく悩むし、とても憤慨する。しかし、ずっと怒っていると、その人はやがて疲れてきてしまう。

「国家権力には勝てない」

と悟るからだ。

あなたは警察官に勝てますか。

柔道五段でも勝てない。

向こうは拳銃を持っているし、ちょっと手を出せば、「公務執行妨害」と叫んで手錠をかける。

怒りに疲れてきたら、その人間は自殺をするのだ。

それに対して、「弱い奴」と罵《ののし》ることは死んだ者に対して失礼だ。

国家権力と闘ったのだ。

その自殺した男は。

【男は社会との断絶を恐れて生きている】

男と断言したのは言うまでもなく、ほとんどの女性は国家権力を意識していないからだ。

プロの女性は別だ。評論家などの女性である。

一般の主婦は、消費税増に悩みながら、しかし、なぜ消費税が上がり、どこの誰が得をし、どこの誰が窮地に追い込まれているか、いろんなことを考えない。「バカ」だからではなく、それが女性の歴史なのである。もともと、そういう性質なのだ。目の前にいる子供。目の前にある楽しいこと。それを最優先に、問題を解決しようとするのが女だ。具体的に言うと、ある社会問題があり、そのニュースが苦痛だったとしても、その日の夕食に、得意の料理作りを楽しめたり、化粧を気にしたりできるのが女だ。男の方は、その社会問題について、語り続けたり、調べたりし、長引くと髭《ひげ》も剃り忘れる。自分に関わることだと悩みだす。

私が軽蔑しているネットオタクにしても、社会問題をずっと掲示板で語り合っている。それこそ、その間にキャバクラにでも行って、発散すればいいものを、ずっと議論しているのだ。それが楽しいのかと言うと、必ずしもそうではなく、「俺、もう日本から出ていきたい」とか「早く死のう」という書き込みが時々、投稿される。

男は、社会との断絶を恐れ、生きている。

改造した車で無法行為をしている男も、実は、社会との断絶を恐れ、なんとか繋がっていたくて、道徳とは逆の行動に出ているのだ。**無法行為をすることで、誰かが相手をしてくれる**、という心理だ。子供なのだが、普通の大人が社会問題に悩んでいる時に、酒量が多くなることも同じだ。泥酔した自分を誰かがかまってくれると、思っている。

有史以来の遺伝である。

男は、社会を構築し、今の世界を創り上げた。

仮に、有史をエジプト文明にしよう。その前にシュメール文明などがあるから、仮にだ。

エジプトは砂漠に囲まれていて、敵が攻めてこなかった。しかもナイル川によって、水もあり、国は栄えた。そのため、子供が増えたのだ。戦争がなければ通常子供は増えるものだ（今、少子化なのは女性が男性化したから。それを国が励行しているから）。

子供が増えると家族ができ、家族ができると争いが起こる。相続などだ。

それが増えていき、偉い人を決めることになった。法律を作るようになった。

それ以来、ずっと男たちは社会を構築、建設してきたのだ。

5500年前の話だ。

大河ドラマを見ていても、分かると思う。男たちは政《まつりごと》に更《ふ》けって、女たちはそれには参加しない。

【日本は平和なのになぜ自殺が多い？】

その戦国時代では、政に失敗すると、すでに自殺者だらけである。

今の時代も年間、３万人の自殺者が出る。

日本は自殺大国と言われているが、それはなぜか。

先進国では断然トップで、他にロシアも自殺率が高いが、ロシアの場合、日光が少ないのが原因の一つと思っている。ウォッカを飲んだ勢い自殺も多いと言う。ふざけた理論ではなく、今、自分が鬱っぽいと思っている人は、好きな人と一緒に沖縄か海外の南の島に行くといいのだ。一人ではだめだ。元気が出る前に海に飛び込むかも知れない。太陽の光は鬱に効果的で、日本では五月病というのが流行るが梅雨時である。

自殺者が多い、少ないはその国の政治や歴史が関わっていて、本書のこの原稿だけでは他国は分析しきれない。日本で言うと、平和な国の代表格で、徴兵制度もないのに、自殺大国なのは奇妙としか言えない。

【金貸し優遇の税制】

まず、経営破たんした中小企業などへの支援をしないばかりか、苦しくなる制度となっている。**優遇されているのは金貸しの方なのだ**。先進国では日本だけだ。事業に失敗したら、「死ね」という国からの圧力がある。

あなたが税金で失敗したとしよう。フリーランスの人や事業をしている人が失敗したら、税金の支払いに苦労することになるものだ。税金の滞納はサラ金よりも重い利息を要求されて、一括で返済しないと永久に借金地獄となる。あなたが銀行に駆け込んで、「300万円貸してほしい。税金を払いたいんだ」と申し出ても、銀行は、「税金の支払いのお金は貸せません」と断る。仕方ないから、アコムなどでキャッシングして、税金を返すのだが、それら金融業者も暴利だから、借金はなかなか消えないというシステムになっている。

日本で自殺者が断然多いのは、この金融業者優遇のシステムによるものだ。

会社が倒産したり、店が潰れたら、まず、「死ぬしかない」と追い込まれる。

そんな時に、

「1億円の借金を返した」

と、元お金持ちなどが、笑いながら武勇伝のように喋っているのをテレビで見たら、もう終了だ。さらに、「JAL が救済された」と、国が大きな企業を助けているのを見たら、もうその瞬間にマンションの高層階から飛び降りることになる。

最近も、ある男のアナウンサーが、お金持ちの友達から数億円を借りて（無利子）、高級マンションに住んでいる話が話題となった。彼にはなんら悪意もなく、法的にも問題ない。あなたも、友達にお金を借りたことがあるだろう。しかし、その金額があまりにも大きく、それを見ていた借金に苦しんでいる男は、やはり自殺をしたくなるだろう。

【不愉快な情報が氾濫している】

その二、つまり**情報の氾濫**によるものだ。

苦しい時に、見てはいけないものや聞いてはいけないことも、その苦しい人間の脳内に入ってくる。それが日本なのである。

テレビは一家に1台以上あり、パソコンも誰でも持っている。スマホもあれば逆に一石二鳥。**いつでも、『不愉快な』情報を脳内に入れることが可能だ。**

不安、心配、恐怖。

何も自殺を考えていない人間でもそれを感じる国になっている。

少年少女による凶悪な事件で、少年が殺された。警察がLINEのやり取りから分析して犯人を特定した、と報道される。すると、若者たちは、「LINEのやり取りは簡単に見られてしまうのか」と、驚愕し、不安になるのだ。

「わたしが1回だけお金をもらってセックスした時のやり取りは残っているの

か。それを警察が簡単に見つけるのだろうか」

「俺があいつに、死ね、と何度も書いたのは罪になるのだろうか」

という具合だ。

解決策は簡単で、情報に耐性がない人間、何か罪を犯しているような不安がある人間は、ネットとテレビを捨てて、山奥にこもればよい。

私が経験者だ。

新刊が出る。アマゾンを見る。中傷ばかりのレビューが載る。

それで気分が落ち込む。最近、編集者から、「アマゾンでランキングが上がっていますよ」と言われても、「そうなの？　アマゾンに興味がないし、見ないからどうでもいいよ」と言っている。ツイッターは削除し、ブログは閉鎖した。フェイスブックは、ほとんど見ない。それでいくらか楽になったが、まだ足りなくて、先日、四万《しま》温泉に行き、2日間テレビとスマホなしで過ごしたら、胃潰瘍が完治した。ところが都会に帰ってきたら、またぶり返したから、「山奥で暮らせばいいんだ」と分かった。

デュルケームは、「社会との断絶」が自殺の原因のひとつとしているが、この場合は自分から喜んでの社会からの断絶行為であり、断絶されたのではない。

【日本は庶民に厳しい】

一方で、先に書いたお金の問題はどうにもならない。税制も何もかも、国と金融業者優遇になっていて、世界中から、「**庶民に厳しい国**」とびっくりされている。

平和だが、事業に失敗した者や、庶民にはとても厳しいのだ。

反面、極端に失敗している者や大成功者の失敗には、誰かが助けてくれる寸法になっていて、それもストレスとなる。10年、20年、パチンコ暮らしの男や女が生きていて、事業に失敗した男が自殺をする、ということだ。理不尽とはこのことで、私だけではなく、最近は他の作家や漫画家の人たちもこの件を取り上げて憤慨している。

10年努力してきた人間が一回、失敗したら叩きまくる。

逆に、10年サボっていた人間がちょっと仕事を始めたら絶賛する。

という国なのだ。

大人の世界だけではない。

子供でもそうだ。

優等生の女子が、ルックスがイマイチでもてなくて、そのまま大人になって結婚できない。

その優等生の女子の妹は、高校時代から遊んでいたが、どこかのバカと結婚。親は、結婚して、孫を産んだ娘の方を讃える。

これも日本人特有の愚行である。

それを見た優等生で頑張ってきた娘の方が自殺する。または、鬱病になったり、フェミニズムに傾倒し、男に敵意を持ったりするものだ。宗教に入信することもある。

【日本は冷たい国？】

とにかく、日本という国は一見すると、民度が高いように見えるが、とても冷酷な民族で、頭も良くない。ノーベル賞を取れるくらいの天才がよく現われるが、それと人間性はまた別だ。**人間性に問題がある民族なのだ。**悪徳、偽善がないように見えて、強烈なそれらを隠し持っている。穏やかな顔をしていながら、ポケットにナイフを忍ばせている民族と言える。

それら、日本人特有の愚行、汚い制度、冷酷さに対して、それを理解してくれる恋人や妻がいる男なら、なんとか自殺をしないで済むだろう。だが、借金だけはどうすることもできない。専門家に聞いたところで、それほど名案を提示してくることもないから、事業に失敗したら自殺者が絶えないのだ。私が、昔と違い愛国心がなくなってきたのは、それらを若い頃は知らなくて、本を書きながら社会問題を調べていくと、日本という国に欠陥が山ほどあることが分かったためである。その欠陥は、**強者と政治家、官僚優遇。金融業者優遇。税制の不備の放置**。そして**健康弱者優遇**である。

年金問題はなんら解決せず、なのに、年金は取られる。社会福祉事業部の人が、「年金だけはおかしい。（借金がある人が）払う必要性がない」と言っていたが、借金がある人や貧乏な人にも、督促状が届き、それを滞納すると、すぐに、「差し押さえる」と脅迫状が届く。それで自殺をするものだ。

部屋が汚い人は自殺をするというが、その部屋には、何かの請求書と税務署や年金機構からの督促状だらけである。マニュアル的に、「差し押さえます」という文面が書かれていて、読んだ本人は恐怖と屈辱で自殺をし、マニュアル通りにそれを送った役所は、「仕方ない」と考えるが、仕方ないでは済まされない。

「お金は大事だ」と、拙書『男はお金が9割』（総合法令出版）でも言及しているが、その大事なお金は、国の税金の無駄遣いに散財されていく。震災の復興はいつになったらできるのか。仮設住宅の孤独死の対策に、なぜ力を入れないのか。そんなにTPPやマイナンバー制度が最重要課題なのか。**もっと、庶民的な部分で大問題が山積みされているのに、なぜそれらを放置しているのか。**

私のこの憤りは、愛国心を失わせ、私自身を「もう死んでもいいや」と思う男に変えてしまった。

ただ、私のこの話を熱心に聞いてくれる妻や友達がいて、それに同意してくれるから、なんとかしのいでいるのだ。そして、たまに温泉や南国に旅行に行けて、そこで情報の遮断もできる。

【孤独はいいが、孤立はいけない】

最後に簡単だが、**社会との断絶**について語りたい。

男がなぜ自殺をするのか。

離婚をすると、子供は大半の場合、妻に取られる。

そして、養育費を払い続ける制度となっている。

お金があれば大丈夫だし、すぐに次の嫁をもらえれば大丈夫かも知れないが、子供はかわいいものだ。だが、離婚の原因によっては、会わせてもらえない場合もある。

だから自殺をする。

父親を否定され、そのかわいい子供にも会えず、恐らく、会社でも冷たい目で見られている。

ひょっとすると、離婚の原因がリストラだったのかも知れない。だったら、二重苦三重苦ということだ。まさに社会から断絶され、三行半《みくだりはん》を突き付けられたと言えて、自殺するのも当たり前だ。

それを「弱い」「逃げた」という人たちは猛省してほしい。

「孤独はいいが、孤立はいけない」

とは私の名言（迷言）だが、そんな男は完全に孤立してしまったと言える。

あなたは孤立したことがありますか。

なければ、自殺した男に、「逃げた」「弱い」は禁句である。

男ばかりが自殺する理由 その2

【変化に対する男女の違い】

妻が、夫の異変に気がつかない。

女性は基本的に、相手の変化に気づかないもの。認めないところもあるし、変化に気づきながら、おおらかに認めて、つまりスルーする性質も持っている。悪口ではない。

女性同士の友情が生まれにくいのもそのためで、親友の気持ちの変化、体調の変化、老いの変化などに気づかず、または気づいていても放置するため、友情に亀裂が走るということだ。

例えば、太ってしまった友人がいたとして、周囲の男たちが、「あの子はデブになった」と一致した見方をしているのに、「そんなことはない」と言う。女同士でかばっているようにも見受けられるが、「あの程度でデブなら、わたしもヤバい」と思っている。つまり友人をかばっているのではなく、自分の保身のために言葉を作るのである。どちらかと言うと、男ははっきりと、「おまえはだめだ」と注意するもので、指導者の多くは男性である。

しかし、相手が夫だと、デブになったら怒るし、老けたら笑う。冗談の範《はん》疇《ちゅう》で微笑ましいが、自分の美容やプライドとは無関係なことだから、それを指摘できるのであって、浮気には神経質になる。とはいえ、

男の浮気はすぐにばれる。女は、良く見ている。

というのはある意味、大袈裟、褒めすぎで、男の浮気がばれるのは、セック

スをしてくると、ばれてしまう体の構造になっているからだということは、男性読者なら分かるはずだ。例えばセックスの後、すぐにシャワーを浴び、シャワーから出た後もしばらく下着を穿《は》かないようにして、浮気相手の乱れたままの姿を見て、再度興奮しないようにしないとだめで、それでも後から漏れる精液が下着に着くことがあり、それを洗うのは妻だからばれる。射精した翌日の妻とのセックスが少々弱くなっていると、妻が気づく。絶倫の男ではないかぎり、妻とのセックスまでに精力がつかないから、妻が不審に思うということだ。また、浮気相手が意図的に、女の匂いをつけたりすることも多く、妻が鋭いのではなく、浮気は隠すのが困難なだけなのだ。

また、**母親となっても子供の成長を認めない部分も大きい**。

特に男の子の場合、どんなに大人になっても、「甘えた子供」「わたしの子供のまま」。子供の頃に出来が悪かったら、「ずっとバカ」という認識を崩さない。**当たり前だが、子供は確実に成長し、考え方も変わり、精神状態にも昇降がある**。

それに気づかない。または認めないのが母親の欠点だ。

父親の方は、「息子に超えてほしい」と思うもので、成長しているか、頭がよくなっているか、それらを見ている。

男性賛美ではなく一般論だ。

【なぜ妻は夫の鬱《うつ》に気がつかないのか】

本題に入ると、妻が夫の鬱状態に気づかないということだ。

妻は、夫の世話が得意そうだが、そういう妻は稀にしかいないと私は思っている。家事や料理が得意な女性は、それが趣味の場合が多く、そのため、夫の世話を上手にしているように見えるのだが、体調が悪くなった夫にはなかなか気づかない。

浮気の事例でもあるように、夫があからさまに信号を出さないと、気づかないのだ。急に、遺言のような話を始めたり、厭世的になり、「山奥でいい物件はないかな」とか言い出さない限りは、家事が上手な良妻も、気づかないのである。

だから、女性はある意味、おおらかに明るく、夫や彼氏、友人男性に接することができ、些細な男の悩み、ちょっとした病気などには、その方が効果的で、「風邪くらいで死なないよ」

と励ますことは得意だ。

特にトラブルもなく、大きな病気もしない男にとっては、女性は長寿のために重要な存在と言える。

一方、トラブルが多い男、そのために精神的に参ってしまうことが多い男、体が弱く、だが、医者からの薬でなんとかなる男は、例えばその薬の副作用で顔色が悪くなってきたり、睡眠時間に変化が出てきたりしても、妻は気づかない場合が多い。

薬の副作用で性格に変化が出て、行動が変わる場合もあるが、長期間続かないと、妻は「たまたま」だと楽観していることがほとんどで、夫を繰り返し精神科などに連れていくこともあまりない。

女性は、病院も好きではない。若い頃に、服を脱いで、男性医師に触診されるのが嫌だったからである。女医のいない婦人科、皮膚科を経験していくうちに、病院に対する積極性がなくなる。だから、夫に「病院に行ってほしい」と言い出すのに時間がかかる。もっとも、男なら自己管理をしないといけなく、妻に言われる前に勝手に病院に行けと言いたい。私は勝手に行くタイプだ。

先日、風邪でもないのに熱が出たから、病院に行ったら、体のある部分が炎症を起こしていた。妻に言われて行ったのではなく、さっさと自分で行ってきた。「ちょっとコンビニに行きます」と同じフットワークだ。

とはいえ、私も胃カメラで悶絶《もんぜつ》したことがあるので、胃腸の調子が悪くてもなかなか検査に行かず、胃癌で死ぬ可能性が高いだろう。今、ＬＧ21でピロリ菌を殺している最中である。

【夫が鬱で自殺しても妻のせいではない】

よく、夫が自殺をした時に、「理由が分からない。何も兆候がなかった」と答える妻が多いが、そんなはずはなく、私の友人男性で自殺をした奴はいないが、メールの一文の変化に私は気づく。「今日は休みだったから、朝から飲んじゃった。やっほー」というメールが、友人から届いたことがあるが、その友人の趣味は車の運転。朝から飲んだら、ドライブができない。どうも様子がおかしいと思って心配をしたら、案の定、「鬱になっている」とカミングアウトしてきた。

男は、ビジネス、政治、戦争で、敵との駆け引きに長けていて、相手の顔色を窺っている。

相手をじっくりと観察する性質が遺伝子に組み込まれているのだ。女性が、ビジネスや政治、戦争を始めたのはこの時代から。

相手を観察する能力が長けてくるのは数百年後だと思われる。

男性賛美になっているかも知れないから一文入れるが、**鬱になるほどの夫と結婚しなければ、女性は大いに、男の長寿に貢献する**と、繰り返し言っておく。

つまり、愛する妻は、あまり夫にストレスは与えないのだ。夫にストレスを与えているのは世の中や会社であり、そのフォローを妻がしなければいけない責任はあまりない。

夫の鬱に気づかなくて、自殺したら妻の責任ではなく、鬱にした会社や世の中の責任、または自殺した本人の運命とも言える。

【優秀な夫ほど傷つきやすい】

それから、もう一点、重要な理由がある。

自殺する男には、もともと優秀だった人物が多い。

あっという間に出世した男、苦労人の成り上がり、名誉を一度得たものなど…。

別項で紹介する有名人はもちろんだが、一般人にしても高学歴で優秀だった男などだ。

妻は、そんな夫を、「この人は偉い人。強い人。立派な人」と尊敬している。そこが落とし穴で、過去の実績から、自殺の二文字が頭に浮かばないのだ。過去というよりも直近の場合もある。2カ月前までは成功していて、今は、ちょっと堕ちてきたという状況で、それほど心配する妻もいまい。ところが本人は、騙されて失敗したことや後輩に追い越されたことなどで激しく傷ついている。それで自殺をするのだが、そんなあっという間に自虐的になる男に気づくことは無理だ。

華々《はなばな》しく活躍した快活な夫が、少々、沈んだ表情を作ったとしても、それが自殺に至るとは想像もつかない。

しかし、優秀だった男が、少し優秀ではなくなることは、ひどいダメージで、女性読者の皆さんは、優秀な男性と結婚したら、トラブルがあった時や成績が下がった時に、神経質によく観察しないといけない。とても危険である。

〝老い〟への恐れが男を自殺へ追い込む

【元祖イケメン俳優の自殺──沖雅也】

「人は必ず老いる」

など、強烈な遺言を遺し、自殺した俳優の沖雅也さん（1952～83年）。石原裕次郎さんの『太陽にほえろ！』のスコッチ刑事役でブレイク。今で言う超イケメン俳優だった。その後、隠れた名作と評判の『俺たちは天使だ！』で主役を務めた後、京王プラザホテルの屋上から飛び降りて亡くなられた。当時、人気俳優の飛び降り自殺は衝撃的だったため、都内の各ホテルは屋上に人が入れないように、改装をしたものだ。

『太陽にほえろ！』の後半では、太ってきている印象があり、ダイエットに苦労していたとも言われていた。ストイックな性格で、高い所から飛び降りるシーンでもスタントマンを付けず、不遇な少年時代に学校を辞めていたから（通信教育で高校を卒業している）、大人になってから勉強もよくしていたらしい。クイズ番組やインタビューを見ても、いかにも「天才」的な頭の回転の良さを見せていたものだ。私の憧れの男でもあった。

私が病気をして学校をサボっていた高校生の頃だったか。ちょっと記憶が曖昧だが、沖雅也さんは自殺をした。

「親父、涅槃《ねはん》で待っている」

涅槃という言葉が流行ったものだ。

【男は〝若さ〟に嫉妬する】

老いに抵抗がある男は、とても危険である。

女性ももちろん、白髪が出てきただけで大騒ぎだが、女性の老いに対する心理はここでは割愛したい。

先に結論を言うと、**極力、若さに負ける場所には出向かない**ことだ。

「老いが嫌だ」

と悩ましく、考えている男は、若者がいる場所には出向かないようにしてもらいたい。会社には新人の若い人間が入ってくるが、その若者たちと一緒に遊びには行かないことだ。

50歳くらいで、30歳の男とゴルフに行き、飛距離で敵わない。

その飛距離が年々落ちてきていて、筋トレをしても、

筋トレをしていない若者に負けてしまう。

こんなにショッキングな現実は他では滅多にないものだ。

私が40代の頃に、父親の友人たちとよくゴルフに行ったが、彼らは70歳を超えていて、ドライバーの飛距離が出ないことにひどいストレスを吐露していた。その様子は、

「これでゴルフが楽しいの？」

というほどなのだが、実はそうではなく、メンバーに私が混ざっていたからなのだ。

普段、皆でシニアティから打つにしてもレギュラーティから頑張るにしても、皆、70代のお爺さんだから、和気あいあいとできる。ところが、私が混ざって、一人で飛ばすと、

「若い奴はいいいな」

と愚痴る、愚痴る。それほど若くないのだが、70歳と40歳では大きな差があるのはゴルフのようなスポーツだけではなく、ただのデートもそうだし、そもそも見た目が違うのだ。

当時の私が仮に46、47歳だとして、特に若くはないのに、ゴルフ場のレストランに行くと、「あら、珍しく若い方が一緒ですね。息子さんですか」とか、顔見知りの店員が言うものだ。その女性からの一言で、他の3人は、「若くない男」と決定してしまっている。しかも、その女性店員がお婆さんならともかく、それなりに若いからダメージは大きい。

つまり、男同士の場合、筋力、体力に差が出る場所に、若者と一緒に行き、競わないといけないと完敗するからショックを受ける。繰り返し言うが、若者が、「筋トレなんかしてませんよ」と言いながら、腹筋があったりすると、私もかなりショックを受けるものだ。

そして、若い女性がいる場所に、自分よりも若い男と一緒に行くのが危険なのである。そこにいる女の子に興味がなくても、「あなたはおじさんだよね」という意味合いのセリフを間接的に飛ばしてくるもので、その光景はよくカラオケボックスで見られるものだ。

おじさんが古い歌を歌った後、女の子が最新の歌を歌い、それがおじさんは分からない。他の若い男の子はノリノリという場面で、リモコンの機械を手渡して、「何年代で検索すればいいの？」と言うのだ。彼女らは気を遣っているつもりなのだろうが、「45歳で17歳の時」と答えると、「えー、全然知らない歌ばっかり。この人、もう亡《な》くなっているよね」という会話になっていき、（おじさんたちの）気持ちは萎えてくる。

その女の子にまったく興味がなければ、スルーも可能だが、少しは期待していて、なのに、若いイケメンとイチャイチャされていたら、男は妄想する生き物なので、ダメージは計り知れない。それはＡＫＢの子がスキャンダルになる度に、妄想して、自滅している男たちが多いことから明白だ。怒っているということは、そのアイドルの女の子とイケメン俳優のセックスの妄想をしてしまっているのだ。頭の中が地獄ということだ。それを自滅していると言う。

しかも、若手女優を好きになっても、彼女の父親が、あなたよりも年下であることが大半で、あまり好きにならないのが賢明で、当たり前の話をしているが、40歳くらいの男たちにはピンと来ない話だと思って書いている。確か、私が40歳の前半の頃に、堀北真希さんの父親が私よりも年下なのを聞いて、ショックを受けた。

50歳の男たちは、それをよく分かっているものだ。

恋愛では、1%の確率に期待し、妄想するのが男の性だが、有村架純さんが、高齢のあなたと付き合うことはない。今、高齢と、曖昧に書いたのは、有村架純さんがどの年齢から「おじさんだからだめ」と思っているのは分からないからだが、こんな書き方をすると、彼女と同年代のOLに期待してしまうから良くないのかも知れない。20歳の女の子からは40歳は高齢だと言いたい。

【男は本能的に〝老い〟を恐れる】

それにしても、老いの哀しみとは、とても深刻なものだ。

「老いには負けない」「老いてこそ人生」という意味合いの本が、毎年、多く発売されることからも、逆に、老いに対して怯《おび》えている男が多いことが分かる。

死が怖いのではなく、老いが怖いのである。

だから自殺をしてしまう。

老いるくらいなら死んだ方がマシ、という俗っぽい言い方はしないとしても哲学的に考えに考え抜いて、自殺をするものだ。

毎日、白髪が増えていき、酒に弱くなり、セックスにも弱くなっていくのが、実感として分かるのが、老いの日々だ。その苦しみを打開するために、努力する男は美しいし、とてもかっこいいが、僅かな時間しか過ごさない行きずりの女性たちがその努力に気づくはずもない（無論、男たちも若い女の子にばかり目を向けて、30代、40代の女性を傷つけるが、どちらかと言うと、男はルックスが重視だと思ってもらいたい）。

また、**その努力の成果が出ないと、より深刻になってしまう。**沖雅也さんはそうだったのかも知れない。しかし、享年31歳とは若い。過密スケジュールや役へのプレッシャーで心身症を患っていたのだが、尊敬するプレスリーが晩年、太って醜態をさらしていたのにがっかりしていたらしい。

尊敬をする偉大な人物と同じ姿や行動力になっていくのは、とても危険だが、逆に良いことも多い。私の場合は、

そう、あなたなのですよ。沖さん。

あなたを尊敬していた少年だったのです。

老いについて、自殺について、少年だった私を悩ませ、ここまで来させたのもあなたです。

しかし、感謝はしていません。生きていてほしかった。『俺たちは天使だ！』の続編はどうなったのですか。

大河ドラマ『軍師官兵衛』に柴田恭兵さんが出演し、好演していた。若い頃の柴田恭兵さんは沖雅也さんとよく共演していたから、「沖さんも、今でも活躍できていたのに」と、哀しくなってしまった。

【〝老い〟から逃れられる人はいない】

老いについて悩むのはやめた方が良い。

世界中の人間が老いる。

そして、なのに、世界中の若者たちがそれを軽視する。仕方ないのだが、学校の教育で、「老いている人をバカにしたらいけない。とても傷つくものだ」とは教えない。学校の教育では、他にも、税金について詳しく教えなかったり、選挙の大切さを教えなかったり、セックスのことでは避妊の問題ばかりで、男の性欲については女子生徒に教えない。フェミニズム教育では、「その性欲でレイプする生き物」と堂々と教えることもあるが、正直、今の時代、いや昔から、セックスは女の子も大好きなのだ。いい加減にしてもらいたいものだ。税金についてもきちんと教育しないから、誰が公共施設を守っているのかも理解していない人間が多い。

話を「老い」に戻すが、**40歳を過ぎると、傷つくことばかりだと、断言しておきたい。**

その辛い生活をやり過ごすには、ある程度の努力をし、しかし、若者を超えようとする努力はしないこと。何かのプロではないのだから。

まったく努力をしないと、瞬く間に老けていく。

【老いたくなければ努力せよ】

「里中さんは若い」

と、よく言われる。若いと言っても、10年前の写真を見たら、とても老けてきている。

「太らないのも遺伝でしょ」

と、よく揶揄《やゆ》されるが、私はそれなりに努力をしている。

先日、『情熱大陸』を見ていたら、渡辺麻友さんが「肉しか食べない」と言っていて、もし、それをおじさんがやると、大変なことになるが、実はやっている男は大勢いる。

いい歳をして、焼き肉ばかり食べていて、マックのハンバーガーが大好きで…。肉も上質なものならコラーゲンが豊富に入っているし、その男がスポーツをしているなら、筋肉に必要だが、まるで狸の置物のように動かないのに、肉を食べていたら、体はすぐに劣化する。

私はそれなりに筋トレなどをしながら、しかも肉はほとんど食べないのだ。無性に食べたくなると、三元豚《さんげんとん》などを買いに行くが、普段は魚と野菜だけだ。運動の後は、鶏肉を食べるが、その翌日は野菜や大豆などになる。

しかし、食事も徹底してくると、その成果が出てこないと、落ち込んでしまう。

有機野菜しか食べない生活で、癌になったら、ショックでは済まされない。だから、極端な行動はしない方がいいのだ。

例えば、**努力をしている人間をさらに「頑張りなさい」と指導すると、その**

人間はほとんど能力を発揮しなくなる。鬼軍曹のような指導者が必要なのは、ニートのような男に対してで、すでに努力をしている男に、さらに「もっと努力をしろ」と鞭を打ったところで逆効果になる。**自分を追い詰めるな**、ということだ。

特に、若い女性が大好きな男は、1％の望みに賭けてはいけない。どうしても、若い女の子と恋愛がしたいなら、それが可能な職業に就けばよい。または、人生のすべてを捨てて、若い女の子を毎日、口説いているしかない。渋谷でずっとナンパをしているのだ。それなら、おじさんが好きな女の子と付き合える確率も上がり、老いの寂しさも拭える。

私は冗談を言っているのではない。抽象的な悩み相談などしない主義だ。老いてきた自分のゴルフの飛距離が縮まるばかりで悲しいなら、運動をする職業に転職し、毎日、筋トレをしていれば、60歳くらいまでは、努力していない若者にも負けない。

「非現実的なことを言うな」

と言うなら、宗教的な語りもできるが、そう、宗教に入信し、悟りを啓《ひら》くしかないのだ。

【老いについて自分の譲れない一点に努力を重ねる】

自分にとって、『どの老い』『なんの老い』が恥ずかしいのか。嫌悪しているのか。寂しいのか。私は繰り返し言ってきたが、**「自己分析」をして、その一点に努力を重ねればよい**。その一点は譲れないと言うのなら。

「里中さんの譲れない部分はなんですか」

と、思ったでしょう。そう、**「見た目」**だ。

見た目の美しさ、逆に老いをとても気にする。白髪が気になって車の運転に集中できなくなる時もある（ルームミラーで顔を見ると、普通の鏡よりも白髪が目立つから）。

沖雅也さんの影響ということだ。

第3章

死から逃れるためのアドバイス

死なないためのアイデア

【若いときは没頭するような趣味を持ってはいけない】

「**趣味を持つな**」

と一貫して言い続けている。

それは若者に対してである。**体力が有り余っている若者が趣味に没頭すると、成功を逃す**。それだけのことだ。

難しい話ではない。本当に短絡的に、それだけのことだ。

それに対して、「**歳をとってきたからは趣味を持った方がいい**」と言っている。

極端に言えば老人だが、無趣味の老人は総じて暇潰しに、孫の教育にうるさくなるし、近所でも迷惑をかけることが多い。暇だからだ。また、趣味に熱中すれば脳も使うが、何もしなければ認知症になることもあり、認知症では、人に迷惑をかける行動をとることもあるものだ。

老人ではなくても、40歳にもなり、それなりに成功（目標を達成）している男は、趣味を持っても悪くはない。私も、そうだ。

あまり趣味に没頭しないことが自慢だったが、40歳から写真を仕事から趣味に変え、50歳になってから、少年時代にプロを目指していた将棋をまた勉強している。

【突然死を防ぐためにするべきこと】

さて、年齢に関係なく、あなたの体調が悪いとしよう。

原因は分からないが、ストレスと過労だとして、そこで突然死をしないために、アイデアを出さないといけない。

私は何度も何度も、「**今日死ぬのか**」と真っ青になったことがある経験者だ。

そのほとんどが過労とストレスだった。

薬をとても嫌っている。私の拙作『悪徳の成功法則』（宝島社）に薬剤師の女の子が、薬と製薬会社を嫌う物語が書いてある。短編小説だが、あの女の子は私の代弁者で、それを聞いていたＨＩＶの男も私自身かも知れない。私はＨＩＶではないが、私の病気はストレスで免疫力が低下し、ひどく疲れるものだ。

そこでバカな私は、

我慢するのだ。

本当に頭がおかしい。苦しくなっても脈拍がぶっ飛んでも我慢している。

２年くらい前にラスベガスに行った。仕事と旅行を兼ねたものだ。飛行機代が版元から出なかったが、「ラスベガスを取材してきてください」と頼んだ編集者が手掛けた本はとても売れたので、印税でペイできている。だから仕事だろうか。それはともかく、5泊6日の旅で、睡眠時間がたったの5時間。まずエコノミークラスを舐めてかかってしまった。もともと、新幹線でも眠れない男なのに、頭が悪いとしか言えない。ビジネスクラスの料金くらい払えたのに。

ラスベガスでは毎日カジノで遊んで、街と人を観察し、下手くそな英語でレストランに入り、買い物をして、エッフェル塔のような建物のチケットを買い、何もかも自分でやって、また帰りがエコノミークラスである。ドメスティックと合わせて、片道13時間くらいだっただろうか。その時に、薬を1日に3回以上飲めば眠れたかも知れないのに、頑固に飲まないのである。睡眠薬ではなく、高ぶった気持ちを抑える薬だったが、多めに飲めば十分に眠くなる効果はある。それなのに、「眠くなったら、女性をエスコートできない」と同伴者を思い、日本から持参したユンケルを飲みまくり、ラスベガスではアメリカのエナジードリンクを飲みまくり、日本に帰国した。成田空港から、埼玉行きのバスの中、そのバスでも眠れず気分が悪くなってきて、「あ、死ぬんだ」と思った。まさに過労死寸前で、すぐに鍼灸師《しんきゅうし》のところに行き、「5日間まったく眠れない」と言ったら、鍼《はり》とお灸《きゅう》をいっぱいやられて、その場で寝落ちした。そう、死なないためのアイデアが出たのが、死ぬ直前だったわけで、手遅れになっていたらどうするのか、と自分に呆れ返った。

- 新幹線や飛行機で眠れない体質なのに、その対策をしないで出かけている。
- 疲れても疲れても我慢している。

これでよく50年生きてきたものだ。

この時の恐怖の体験から、私はお灸を持って旅行をするようになった。やっと対策をしようとアイデアを持ったのだ。先日、ホテル椿山荘に2泊したが、せんねん灸の煙が出ない商品を持っていき、薬も飲んだ。1泊目は仕事で前日からまた寝ていない。仕事の後、皆でカラオケに行くことになったが、読者の若い女の子から尾崎豊をリクエストされて、「殺す気か」と苦笑いをしたものだ。激しいので、彼の歌は。

高校生の頃から、私は、「熟睡できない」「まったく眠れない」。その台風が通り過ぎたら、丸一日寝てしまう。の繰り返しをずっとやっている。

正直、仕事をやめるか興奮することを一切しないか、それくらいしか対策はないのだ。睡眠薬など、翌日に副作用があり、飲んでいられない。

しかし、ラスベガス旅行の経験から、鍼灸を少し覚え、お灸のツボでなんとか旅先で眠れるようになってきた。

余談だが、救急車も呼ばない主義で、救急車に乗ったのは1回だけ。雨の日にマンションの階段から滑り落ちて、背中と腰を強打し、まったく動けなくなった。誰かが呼んでくれたのだ。

しかし、水道橋で倒れそうになった時に、病院に歩いていったりしたことがあり、激しい腹痛でトイレから出られなくなった時も、這いつくばって病院に行ったことがあるが、その時は即入院になった。看護婦から、「どこから歩いてきたの？」と笑われたが、一歩間違えれば手遅れのような頭の悪さを露呈していたと言える。最近は救急車を呼ぶほどの事態にはなっていないが、50歳にもなって、「5日間眠れずに血圧が低下」なのに、鍼灸に歩いて行った、なんてやっていたらそのうちに突然死するだろう。睡眠さえ、8時間取れば、ゴルフのラウンドもセックスもカラオケも筋トレも、何もかもなんともないのだ。

しかし睡眠薬は飲めないので、アイデアを出さないといけない。

あなたもそうだ。

死なないためのアイデアだ。

過信してはいけない。

と言えないくらい模範にならない男だが、友人で、若い自分の体力を過信して、亡くなった男がいた。友人の知り合いも見ると、二人、三人と死者の数が増えている。

激しいストレスや過労は、突然死につながることが多い。

私たちは、子供の頃から悪いものばかり食べているから、芯が弱い。

成人病になりかかっている体は、まだ悲鳴をあげていないかも知れないが、突然ヒステリーを起こすように、壊れるかも知れない。その時が死だ。

【気持ちが楽になる趣味を持て】

どうすれば、ストレスと過労の突然死から逃れられるか。
まずは、**自分に合った薬と食べ物を探す**こと。
それから、そう、**趣味**だ。
若者は趣味を持ってはいけない、という冒頭の言葉は、ここに要約される。

気持ちがすぐに楽になる趣味

それは何か。
ストレスに苛まれているあなたが考えないといけないことだ。

時間のかかる趣味はだめだ。仕事ができなくなる。小一時間、それを行うと、気持ちが楽になる趣味を探し、それが体感できる環境を作るといいだろう。

私は写真が大好きで、以前に、家のトイレを改造して、写真の部屋にしたことがあった。そのトイレは広めだったので、小さなテレビも置いた。トイレ兼、AVシアターで壁は自分の作品と大好きな女優さんや猫や富士山の写真でいっぱいにしたものだ。

椅子を置いて、小型の冷蔵庫も置いた。便座の蓋を閉めて机の代わりにして、そこにノートパソコンを置き、執筆していた。それはそれは楽しかったものだ。

「すごいアイデアだ」

と自画自賛である。ところがこのアイデアには欠点があったのだ。

夏は暑くて蒸し風呂になった…。

もちろん、真冬は寒くて使えず…。

春と秋だけしか機能しなかった。

しかし、このアイデアはいけるのではないか。と今、考えている。

那須や富士山の麓《ふもと》に、小さなコテージを買い、そこをAVシアター兼、写真だらけにして、ちゃんとエアコンも入れて、ノートパソコンで執筆していれば、仕事がはかどるかも知れないのだ。山奥に一人でいるのもどうかと思うが…。

私の拙作に『男はお金が9割』という本があるが、「**死因の9割はストレス**」と申し上げたい。最終的な病名が癌だったとしても、それはストレスによるものかも知れない。ストレスで免疫力が低下すれば、大腸の中の悪玉菌も増えるだろう。

一瞬で、あなたの酷いストレスを軽減させる趣味。またはアイデア。

それを考えてみて、そして持ち運べるものなら、常時持ち歩いてほしい。ただし、その趣味に熱中しては仕事ができなくなる、ともう一度言っておく。

人は、不本意に死んだら不幸なのだ。

死にたくなったら、「死にたい」と言ってみる

【「死にたい」とだけ言ってもスルーされてしまう】

辛い時に「死にたい」と言う人の方が、自殺はしないという私見であるが、実際にそう言っている心理家もいるようだ。

何事も、溜めこんではいけないというよくある話だが、私は独自にお教えしたい。

「死にたい」

だけではだめだ。

まず、「なぜ死にたいのか」それが分からない。分からないと、「死にたい」と聞いた人たちが疲れてしまって、その人の悩みを聞こうとしなかったり、最悪では、「死にたい」をスルーされてしまう。

私も、死にたいと思うことはたまにある。それなりに辛い生活をしている人なら、誰でもあるはずで、私だけの恥とは思っていない。話は少しばかり脱線するが、20歳の頃に病気が辛く、「死にたいと思ったことがある」と女の子にカミングアウトして、嫌われてしまったことがあり、今でもトラウマになっている。その私が、また「死にたいと思うことがある」とカミングアウトしているのは、読者のために、です。その彼女にも、なぜ死にたかったのか、それを詳しく説明しなかったような気がするが、記憶が曖昧で、その前にもう会っていなく、電話だったような気がする。

さて、

「わたしはどうしようもないデブ。しかもダイエットできなくて死にたい」

と言えば、ダイエット法を教えてくれる人が現れたり、デブが好きな仲間が現れたりする。

ということだ。

【人の無意識な破滅願望が突発的な自殺を引き起こす】

実は、自殺する気がないのに人生が辛くて、「もう死んでもいいや」とも言わずに、**ただ、「辛い」「寂しい」と口にしている我慢が好きな人の方が、突発的に自殺をすると思っている。**

自殺にはほとんど計画性がない。練炭自殺仲間をネットで探しているとか、稀な例を除いては、普段生活が辛い、または寂しい人が、頑張っている時に心が折れて、その瞬間にマンションから飛び降りたりするのだ。

また、自殺する気はないが、無謀なことをして、事故死することもあり、それも自殺に近い。

ヤケクソというやつだが、感覚的には、いや感情的には「こんなことをしても死なない」と考えていて、それでいて無意識の中に、「**もし、死んでもいいや**」とあるものだ。

その最たる事例が、お酒の暴飲である。

「こんなに飲んだら肝硬変で死ぬ」

「こんなに飲んだら急性アルコール中毒で死ぬ」

と分かっているが、暴飲している。

大半が、何か不満や不安があっての飲酒で、肝臓の強い友人がいたら、「俺も大丈夫」と思っているが、無意識のうちに、「もし肝臓を悪くしてもいいや」となっている。

結局、それで死んでしまうが、重病になると痛みなどで辛くなるから、「バカなことをした」と後悔するものだ。

少し、破滅願望があったのだが、自分には自殺願望はなかったと判断していて、それが実は間違いで、**破滅願望は、基本的に体を壊す行為がほとんどだから、自殺願望とさして変わらない。**

私にも強い破滅願望がある。

そう、「死にたい」のではなく、正確には破滅願望であるが、それは死に向かっているか、事故死を誘発するものだ。

特に、30代後半から40代前半はセックスでかなり激しいことをしていた。あるスポーツ選手と武勇伝を自慢しあっていたら、「里中さんのそのスタミナはどこから出てくるのか」と仰天していたが、こんなガリガリの持病持ちにセックスのスタミナなどあるはずはなく、破滅する気満々だったとも言える。

具体的に言うと、ホテルに、ユンケルは3本くらい用意して、さらにアミノバイタルなどのスポーツゼリーも用意。薬はデパスのようなものも用意。お酒とユンケルを混ぜて飲み、気分が悪くなったら、デパスを飲む。それで眠くならない体質だから（別項で書いてあるが、アメリカまでの飛行機で薬を飲んでも眠れない体質）、女性が寝ている間は、ノートパソコンで執筆。女性が起きたら、セックス。ほぼ、不眠不休でマラソンセックス。また女性が寝たら、執筆。起きてきたら、また別のプレイという繰り返しを、ホテルで3泊くらいしていた。今はないホテル西洋銀座だった。とてもお世話になったものだ。気分が悪くなったら、バトラーが美味しい水を持ってきてくれたし、部屋に泊まらない男が押しかけてきても、笑って見逃がしてくれた。そうそう、すぐ近くに、「薬膳鍋」の有名な店があり、そこでスタミナを付けながら連泊していたものだ。意外と、ものすごい効果で、薬膳鍋はお勧めだ。

話を戻すと、「もし死んでもいいや」とは思っていなく、だがやっている行動はそれ。

自分は不死の人間と油断しているわけでもない。

無意識の中に、**「死んでもいい」「死にたい」**とあるのである。

しかし、私はその頃からよく、「もう死んでもいいや」と口にしていて、その理由も話していた。周囲の人たちに。

「中傷が辛い」「競馬をやりたくない」「筋肉が増えない」「(保守なのに)今の国が嫌いだ」など。

親しい人たちはそれを聞いてくれて、それがストレスの解消になっていた。

ストレスの解消、発散になっていたのだ。

聞いてくれた親しい人たちには迷惑だったかも知れない。しかし、それほど苦労しているなら、**聞いてくれる親しい人を作らないといけない**。それが親友であり、妻であり、愛人であり…。

お金持ちが愛人を持つことを批判する世の中だが（私のことではない）、名作『白い巨塔』を読んでも分かるように、愛人とは苦しんでいる成功者や一流の男を助けるためにいるのだ。

妻が子育てでいっぱいいっぱいだったり、日本では特にセックスレスが多いので、その代わりに愛人がいれば、成功者は生き長らえることができる。庶民は、「そんな成功者は死んでしまえ」と言うが、人の命は重い。嫌いなお金持ちに「死ね」が多すぎるが、どういう不平等、不道徳なのか。

【死にたくなったときに相談できる親友を持て】

あなたは「死にたい」とカミングアウトできる親しい人を作ることだ。必ず、死にたくなる時期がやってくる。

本書で再三述べているが、国に大切なものを奪われることもあり、犯罪に巻き込まれることだけが、あなたの大ピンチではないのだ。気軽に生きていても、総理が変われば、奇妙な法律が生まれるし、そもそも、病気になったり、会社をクビになった時に、1人ではやっていけない。

年金生活も辛いようで、新幹線で焼身自殺をするバカも出てきた。

また、結婚して子供を作れば、自殺願望の抑止力になる。

それでも突発的な自殺は避けられず、やはり、「死にたい」と口にした時に、「**大丈夫？　わたしも辛いけど頑張ろうよ**」とか「**どうして死にたいの？**」と言葉を返してきてくれる異性が必要だ。

男なら、成功するか一流になり、セックスだけではない愛人や恋人を作る。

セフレでは話にならない。

もちろん、結婚をして妻がいればいいでしょう。

ただ、結婚後、子供ができると大半の夫婦はセックスレスになり、それが原因で、男が風俗などに行くと、夫婦仲が悪くなる。

その時に人生が辛くなったら、妻は、「死にたい」を聞いてくれないかも知れない。

そこで男同士の親友が必要だが、再三言っているように、ＳＮＳで簡単にできるものではない。

あなたが、巨悪や病と闘っていて、なのに誰かを助け、女性からも愛されていたら、それを見た男が、「**飲みに行きたい**」と言ってくるだろう。

その男が親友になるかもしれない。

猫を飼うと自殺しない

【ペットは自殺を思いとどまらせてくれる】

犬が好きな人は犬でもかまいません。

猫を飼っている人は心臓病や高血圧などにならないと言われている。癒し効果があり、リラックスができるからだ。

特に大人しい猫は、縫いぐるみのようで、ずっと寝ていて、動作も鈍く、本当にかわいいものだ。

忙しい人は、「生まれ変わったら猫になりたい」と言うが、先日、『情熱大陸』に出演した渡辺麻友さんも口にしていた。

それくらい猫、特に家猫は、リラックスしていて、それを見ている飼い主も、嫌な気分を忘れるものである。

また、猫は寿命がそれほど長くない。短い猫だと10年。長くても15年くらい。皆、それを知ったら愛猫を懸命に育てる。

うちも、大事な猫が10年ちょっとで死んでいき、対策として、水を替えたりした。今、17歳になったメス猫が1匹いる。

私の場合は家族がいるが、独身の男女は、猫がいると、「死ねない」と口を揃えて言う。

「自殺したいけど、死ねない」というサイトを見たら圧倒的に「猫がいるから」と投稿してある。もちろん、犬もあるが、独身でお金にも苦労している人は、犬よりも猫を選ぶのかも知れない。お金がかからないように見えてるので。

【人には弱いものを守ろうとする本能がある】

人には、男には父性、女には母性がある。

近年、それが失われてきた。

女の中には自分の子供を殺したり、捨てたりする鬼も増えてきた。

子供を虐待して殺す男女は、自殺願望などなく、欲望が優先されていて、子供が邪魔になるわけだ。

しかし、孤独に悩んでいて、何か苦労があり、外部からの誘惑もなければ、**弱っているものを守ろうとする。**

それが人。

特に相手が純粋であればあるほど、守ろうと頑張るものだ。だから、純粋なはずの子供を殺す親は、欲望に負けた以前に、精神異常者か強度の発達障害者（大人の子供）だと思っている。

大人の男で、女性にとても愛されるタイプはよく、「少年性がある」と言われるように、やはり男でも純粋な側面があれば愛されるものだ。ただし、バカではいけないが。

猫はとても純粋だ。

犬もそう。犬はご主人様に対して、隷従《れいじゅう》しすぎるから辟易《へきえき》するという人もいるが、犬はご主人様が亡くなると、人間以上に哀しむので、犬もとても抑止力になる。

奥さんに先立たれたおじいさんが、小型犬を飼ったところ、とても愛されて、「わたしは何歳まで生きればいいのか。とてもじゃないが死ねない」と笑っておられた。

猫なら、特に、里親募集でもらってきた猫、捨てられている猫を育てて、その猫に感謝されているような素振りを見せられたら、まず、自殺をしない。

猫は、犬よりも弱く見えるから、「わたしが死んだら、この子は生きていけない」と思う。

「猫は犬と比べて人間に懐かない」

と言われているが、じっくりと観察していると、そうではないことも分かる。マイペースなだけで、とても飼い主に懐くものだ。猫は、飼い主の声にしか反応しないことも証明されている。

冬は、布団の中に入ってきて、一緒に寝てくれるタイプの猫もいる。独り身にはとてもありがたいものだ。

【ペットに依存してはいけない】

「死にたい」

と思った時に、一人ぼっちだったら、猫を飼うといいでしょう。アパートがペット不可なら、思い切って、ペットがＯＫのアパートに引っ越してみるといいだろう。

その愛する猫が死んだ時に一緒に死なないために、**その猫が生きている間に、生きるための活路を見出すのだ。**

それだけは語気を強めて言っておく。

ずっと、猫に依存していてはいけない。

私が最初に飼った猫は、狭いアパートから飛び出した瞬間に、車に跳ねられて即死した。そのショックで私は食事が摂れなくなった。2年して、また猫を飼うことになったが、「この子がいる間に、広いアパートに引っ越すか家を建てるぞ」と誓ったものだ。そしてそれを実現させた。

純粋な人やペットに癒されたら、自分も奮起しないといけない。

第4章

「死」をめぐる日本という国の姿

マイノリティは「死ね」という国

【少数派でなくても軽蔑される人たち】

マイノリティというと、同性愛者が真っ先に浮かぶ。

何しろ、性的少数派の擁護といえば、同性愛者の話しか出てこないから、もはや、性的少数派＝同性愛者だと思っている日本人も大勢いるだろう。

例えば、少女が好き、とは俗語では「ロリコン」と呼ばれ、もっとも嫌悪される男とされるが、大勢いても性的少数派になってしまう。

「ＨＫＴ48が好きな男はロリコン」

という軽蔑と敵意をむき出しにした記事を見かけたが、女が書いていた。数は多くても、例えば、アニメオタクもマイノリティと言える。その中には、アニメの女の子しか愛せないという男もいる。女性にも最近いるようだ。BLに夢中の子たちがそうだ。そのまま、ずっとBLから離れられないかも知れない。

マイノリティの定義は、直截的《ちょくさいてき》に解釈すれば、まさに『少数派』だが、

少数ではないのに、軽蔑される人たち

もマイノリティだと断言しておく。

私は、ここ数年、この問題に取り組んでいる。とても憤りが激しい。しかし、少数派を淘汰するこの国やどこかの団体には勝てず、私が、「もう死んでもいいや」と愚痴を零《こぼ》しているのは、マイノリティの研究を始めたからだとも言える。

少数派の人たちを励ますために頑張った結果、「勝てない」と結論が出た。

「おまえは漫画やアニメが嫌いだったはずだ」

と、またうるさく言われるが、私が書いた軽自動車に関する本でも言及しているが、軽自動車は公共で使うもの。アニメが、公共の場所で威張って歩いているわけではない。アニメオタクが、16インチくらいのテレビを背負って、町中を歩き出すブームが起これば辟易するが、彼らは部屋で楽しんでいるのである。

漫画にしても、「電車の中で大人の男が少年漫画を読んでいると呆れてしまう」と言っていて、部屋で読むことを批判しているわけではない。

【自称〝常識人〟が差別を起こす日本の民族性】

そんな様々な変わった趣味、変わってはいないが、なぜか軽蔑される趣味、嗜好を持っている人たちに対して、自称、「**常識的なわたし**」が、ひどい軽蔑

の眼差しを投じてきたり、

「気持ち悪い」

と、はっきり言ったりするのが、日本の民族性である。

村全体で同じことをしないと嫌われていた歴史がそういう意識を持たせる。

あなたが煙草が大好きだとしよう。

もう、外出先ではほとんど吸えない世の中になっている。だが、部屋で吸っている分には、まったく問題はないはずだ。ところが、恋人でもない女性が、

「煙草を吸うなんて」

と嫌な顔をするのだ。その女が一緒に部屋にいたら、煙草の煙で肺がんになる「らしい」から嫌がるのは理解できるが、一緒の部屋にいなくて、ただ、その男が、「部屋で煙草を吸っている」と言っただけである。特に、同じ仕事をしていて、また会うことがあるなら、

「健康に気を付けてね」

と笑って言うのが常識的だし道徳だが、「煙草を吸うなんてどうかしてい

る」と軽蔑するのは、本人が、「わたしは常識的な女」と思い込んでいるからなのである。

他に変わった趣味、嗜好はなんだろうか。

女性が一人でバーに行く。

とは、男たちが嫌うものだろう。

男は、美人の女性の変態的（フェチ）趣味がある発言には寛大で、逆に興奮するのだが、男勝りの趣味や男の世界に入り込んでくる女性の趣味を嫌う。

「車の運転が得意。サーキットで走行している」

と女性が言ったら、「だからブスとは付き合えないよ」となるかも知れない。

女性の方は、男の変態趣味に嫌悪感を剥《む》き出しにする。しかも大したことではなくても、「非常識」「気持ち悪い」と一刀両断するものだ。私は女性の靴下フェチなのだが、それで喜ばれたことはほとんどなく、逆に軽蔑されるばかりだが、まるで「下着泥棒」を見るような顔をされるから、その場で殴りたくなるくらいだ。

そして、（私のことではないが）このような軽蔑をされ続けると、人は他人から否定されている感覚に苛《さいな》まれて、死にたくなるのだ。

「それくらいのことで？」

と笑った読者の方々。

性的指向は、ほぼ生まれた時から決定している（嗜好品を好むのは別。ここでの話は指向の方）。

同性愛もそうだし、コスプレに夢中になっている女子高生なら、幼稚園くらいの頃から、かわいい洋服を母親にねだり、着させてもらって、遊んでいたものだ。

「生まれた時からの性的指向を国が規制したり、他人が軽蔑するほど悪徳はない。特に、被害者を出さないものまでも、他人は軽蔑するではないか。ひどい差別だ」

ある人が言っていたが、まっとうな意見だ。だが、認められない世の中である。

生まれた時から、「人を切り刻むのが好き」という人間が、ごくたまに出るが、それこそがマイノリティであり、町に数人いるような「変わった趣味」を持っている人間も、「変わったフェチ」がある人間も、なんら軽蔑されるいわれはないのだ。

朝起きて、まず顔を洗い、朝食はパンと目玉焼き。会社に行き、ソツなく仕事をこなし、ランチは、話題のB級グルメ。それをフェイスブックに投稿する。また仕事をソツなくこなし、帰宅。決して風俗には行かずに、妻の夕食、または、共働きならスーパーで買ってきた惣菜を食べる。有機野菜を使った料理で、贅沢もしてはいけない。

ちょっと夫婦生活が長ければ、セックスレスの方が常識で、「妻と毎晩セックスしている」と言ったら最後、「性欲が強い危険な男」とされてしまう。

こんなに『面白くない国』は珍しいと言える。

安倍政権が長期化してからは、庶民とマイノリティに対してさかんに重圧をかける様相を呈している。最近は、マスコミの言論まで規制したがっているから、もはや中国共産党を目指しているとしか言えない。

【幸運な人間が不運な人間を軽蔑することは許されない】

あなたは、自分に生まれつきの性的な指向があるはずだ。たまたま、それが周囲に認められているだけである。生まれつき、多数派に属する性癖だったのだ。つまり、幸運だったわけだ。

幸運に生きている人間が、不運に生きている人間を軽蔑することほどの悪徳はない。

私は、悪徳、矛盾、偽善について考えている男だが、幸運に生きている人間の傲慢さ、冷酷さ、そして「他人のことはどうでもいい」という無関心さには烈しく激怒している。

分かりやすく言うと、福島第一原発の爆発で、原発が近くにない田舎の人たちは、「俺には関係ない」と思ったかも知れないという事例だ。

自己愛の不死幻想では、不幸な大事件が起こっても、「わたしには関係ない」と考えて、日常の遊びに興じるものだ。特に日本人はその傾向が強く、『自己愛人間』（小此木啓吾）を読めば分かる。韓国で、MERSという感染病が流行っているが、NHKのニュースで「観光に行っても大丈夫です」と専門家が言っていたが、「なんて日本人的なんだろうか」と、私は失笑してしまった。実際に、観光に行っている日本人もいたのだろう。

「幸運に生きている私は、決して不幸な目には遭わない」

という強烈なナルシシズムは、不幸に生きている人間を見ると、差別的な視線を投じる。

『他人の気持ちが分からない』とも言える。

私は昔から、「**ずっと健康で生きている人は信じない**」と言ってきた。産まれてから、一度も大きな病気をしたことがなく、ケガで入院もしたことがない人間が、もし医者や看護師になっても、患者の気持ちが分かるのか、という話だ。もちろん、一般人にしても同じだ。

他にも、「イジメ」の問題で、

「小学生の頃や中学生の頃にイジメられていた」

とカミングアウトしたら最後、男なら、「ケンカが弱かった奴」、女なら、「きっとブスかデブだったか陰気だったんだ」とされてしまい、カミングアウトが地獄の始まりとなってしまう。そう言っている連中は、イジメられたことがないから、そんな暴言を吐けるのだ。

しかし、同じ境遇にいた人なら、「そうか。辛かったな。俺と一緒に飲もう」となるのだ。

その同じ境遇の人が少ないと、孤立した少数派となり、死に向かって一直線だ。

また、少数派じゃないはずなのに身近にたまたまいなくても、その人は少数派のような気分になり、落ち込むものだ。

私には仲良しの女性が何人かいるが、そう、イジメられていたらしい。美人でかわいいのだが、小学生の頃や中学生の頃はそうではなかったのだろうか。いや、そのうちの1人は、自分のルックスの問題ではなく、親のことでイジメられていたようだ。どちらにせよ、私とは気が合う。私は、中学生の時に、大阪の学校で大阪弁が喋れなくて、痛烈な差別を受けた。今でいう陰湿なイジメは当時はなかったが、本当にストレスだったものだ。だから、彼女たちとは熱心に語り合うことができる。

皆さんも知っているように、私は少年時代からずっと薬を飲んでいて、入院生活もしている。

大人になってから、ストレスなどで体力がなくなり、緊急入院をしたこともあった。先日も胃潰瘍になったばかりだ。

そんな私には、やはり難病を抱えている友人がいるが、私のことを嫌っている読者は、やはり、それらを嘲笑する。難病の友人のことも軽蔑している。奴らはきっと健康なのだろう。

そして、私や難病の友人や、昔、イジメられていた女の子よりも、それを軽蔑する人たちの方が、「正義」のような道徳のような社会となっているのはどういうことか。

もっと、大局的に、いや世界的な話にすると、白人は正しく、白人以外は正しくないくらい、白人は、未だに黒人や肌に色のついた人たちをバカにしている。

それはサッカーを見ていたら一目瞭然で、クラブチームは多国籍で一緒にプレーをしているのに、W杯になると、人種差別合戦と言っても過言ではないくらい、特に白人は、それ以外の人種を嗤《わら》っている。

「興奮してしまった」「そんなつもりはなかった」と毎回、言い訳しているものだ。

人間は、多数派が正しいことで、ほっとしないと生きていけない動物なのである。

それの犠牲になるのが少数派だが、先程も言ったように、生まれつき、人を惨殺する精神ではないかぎり、「何が悪いのか」がほとんどなのだ。

俗に言う、「ロリコン」にしても、アイドルのグラビアを見たり、女子高生とデートをしているくらいなら、なんの悪徳でもない。セックスをしても何も悪くない。ほとんどの女の子が10代で処女を捨てているのに、「未成年の裸とセックスは違法」となっているのが矛盾だ。16歳から結婚していい法律なのに、16歳の女の子に声をかけたら「声掛け」で逮捕とは、どういう矛盾か。テレビドラマにありがちな運命の出会いのみ、合法ということか。

小学生を誘拐したらいけないが、公園でブランコを押してあげるくらいなんの悪徳でもないし、昭和の時代はそんな光景は公園では当たり前だった。

しかし、それらは犯罪となった。

真の少数派である「幼女を殺す趣味」がある人間のせいで、ただ、少女が好きなだけの大勢の男たちも淘汰されたわけだ。アニメにしてもそう。誰も被害者はいないが、「被害者が出る」とアグネス・チャンが叫べば、規制が始まる。

よくある話で恐縮だが、生まれつき、完全犯罪や殺人に憧れている男がいて、その男がそれを題材にしたテレビドラマや映画を観て、殺人を決行したという話を読んだことがある。では、その類の本、テレビドラマ、映画も規制しないとだめではないか。なぜ、ポルノだけがだめなのか（もちろん、フェミニズムが強大なため）。


他にも、学歴差別というものがあり、中卒は少数ではないが、マイノリティにされる。

どんなに優秀でも、一生、「中卒野郎」と軽蔑されるものだ。いや、逆に、優秀になればなるほど、高卒や大卒の人たちが必死になって軽蔑を繰り返すものだ。

その時に、中卒の自分をかばってくれる人、または好きになってくれる恋人がいないと、その男は自殺するかも知れない。そんな短編小説を書いたことがあるので、ぜひ、読んでいただきたい(『悪徳の成功法則』(宝島社))。

【マイノリティが死から逃れるには居場所を見つけること】

性的少数派。同性愛、ロリータコンプレックス、SM趣味、何かのフェチ。

アニメ好きなど、近年、日本で急に差別されてきた趣味。

煙草のように昔からOKだったものを急に規制されるようになった嗜好品が好きな人。

過去の傷がある人。特に学校生活時代のイジメ。

病気をしている人。特に難病。

学歴がない人。

これらは、凡《およ》そ改善ができないのだ。改善というとまるで悪い精神を持っているかのようだ。言葉を変えよう。これらを「捨てる」「隠す」ことができないのだ。

何しろ、性癖は自分が大好きなことだし、過去の傷は、誰かに喋って楽になりたい。ずっと吸っていた煙草を急にやめるのは難しい。

あなたたちが死から逃れるためには、同じく少数派の人がいる場所を、それこそ、必死になって探すのだ。

そして、その仲間と、そう真の仲間と朝まで飲み明かすべきだ。

私は男だから、女性の性癖、変わった趣味のことはよく分からないが、私がもしルックスが好みの女性と出会い、その女性が変わった性癖があったところで、滅多なことでは即、離れることはない。

性癖が変わっていたところで、

性格が悪いわけではないのだ。

分かりますかね。

それを皆、分かっていない。

ロリコンだったら、性格が悪いわけではなく、単に若い女の子が好きなだけで、大人の女が好きで、暴君もいっぱいいる。性癖と性格は違うのだ。

ところが、ここからは男性の側に立つが、鉄道が趣味だとしよう。撮り鉄が問題になっているが、昭和の時代から、女の子に嫌われると言えば、鉄道マニアにおいて他ならない。

しかし、鉄道が好きで、銚子電気鉄道の外川《とかわ》駅を見学に行ったところで、その男が性格が悪いわけではない。喋ってみなければ分からない。なのに、「田舎の鉄道を撮影に行くくらいの鉄道マニア」とカミングアウトしたら、女性は寄り付かないだろう。だが、「夏は北海道までゴルフに行く」という趣味が、女子に嫌悪されることはあまりないと思われる。

女性が悪いわけではないが、彼にしてみれば、鉄道は生きがい。余程のことがないかぎりは止めたくない。

それが原因で、結婚できなかったら、さらに悩むことになるだろう。苦悩する。

大好きな鉄道を捨てて、恋愛を模索するか。と…。

しかし、それは苦渋の決断を強いられることになるものだ。断腸の思いで、というが、死ぬか生きるか、かも知れない。**それくらい、人は、少年少女時代からの大好きな趣味、嗜好を捨てることは哀しい。**

【マイノリティでも仲間は必ずいる】

読者の皆さん。私はそう、マイノリティのほとんどを持って生まれた男なのだ。

女性の靴下のフェチも実は生まれつきだ。

私は耽美主義者だ。

それが生まれつきなのだ。

美しいものをこの世の神と考える脳になっている。

比較的若い女性の裸体。

新緑。太陽の光。南の島の海。清流。真っ白な雲。美しい絵画。それらの写真。

子供の頃から大好きだった。女性のヌードも。

興奮して見ていたのではなく、「**なんて美しいんだ**」と感激して雑誌を見ていた。

その女体の中で足の形だけが、美しく見えないのだ。

歩くために動物的なまま、あまり進化していないように見え、そう、猿の足と同じに見えてしまうのだ。それを隠すために、女性が靴下を穿くと、それはそれは完璧に美しくなるということだ。その靴下が新品で、華やかで、またはかわいらしければ、私の夢は達成される。

そのフェチシズムで、例えば、女性と街を歩いていて、靴下屋さんがあって、惚《ほう》けて見ていると、「変態」という目で見られてきた。ストッキング派からは特に不評だったものだ。

しかし、幸いにも、恋人になった女性たちが、たまたま生足派でストッキングではなくソックスを穿くので、結婚もできて、なんと中卒なのに仕事も成功した。

これほどまでに、マイノリティがある男が、ちょっと幸運すぎるのだ。

だが、同じマイノリティ差別で悩んでいる人たちの味方だ。

辛い気持ちをよく知っている。

私も体はひとつしかないから、皆さんのところに行き、一人一人の友人にも恋人にもなれない。

だが、私のような作家がいることを忘れないで、懸命に生きてほしい。

まずは、理解者を探すことだ。

繰り返すが、「殺人が好きだ」というあまりにも稀な人間を除いて、**マイノリティの仲間は必ずいる。希望を持ってほしい。**

芸能人の借金返済自慢に思う

【芸能人の借金返済は害悪】

借金のある人が自殺をすることは誰もが知っている。

日本は、金融業者優遇なので、事業に失敗すると借金が返せない。

それは大金の話だが、庶民が何かのカードキャッシングをして、溜まった借金が100万円。それが返せなくて四苦八苦している話をよく聞く。300万円くらいになると、もう、真っ青とも言える。

その300万円で自殺をする人もいるものだ。

ところが、芸能人やスポーツ選手が、借金を返した話をテレビでよくしている。

その額は、軽く1億円を超えているものだ。

理由も、保証人になっていた、とか、不動産を失敗した、サイドビジネスに失敗した、などであるが、それを返済した話をしている。

ある種の豪遊自慢だと思っている。

先に言うが、大金を返せずに自殺した有名人もいるのですべての有名人のことではない。

一方で、1億円以上の借金を、数年で返済できるとはいったいどういうことなのか。

「苦労した」

と言うが、1億円以上をたった数年で返せるのが、そんなに苦労なのだろうか。

300万円を10年でも返せず、利息がどんどん膨らんでいく庶民がほとんどなのだ。

結論を先に言うと、

芸能人の借金返済自慢話は害悪

ということだ。

聞いている視聴者が気分がいいとまったく思えない。

ましてや、借金があり、それが100万円から300万円で苦労している庶民が、「1億円を3年で返した」と聞いたら、何か空しくないだろうか。

【芸能人の借金返済武勇伝が悲しく思える理由】

私は芸能人の方たちはリスペクトしている。特に女優さんや俳優さんは憧れている。

人を楽しませるために、芸を磨き、それこそ、自殺したいと思っている寂しい人を救う時もある。アイドルは、きっと彼女がずっといない男を救っている。浮き沈みも激しく、一度、事務所に干されるとなかなか復活できない厳しい世界とも言える。

スキャンダルを起こしたら、二度と這い上がれない男がいたと思ったら、不倫をしても許されている女優もいる。

そんな厳しく、汚い世界で懸命に生きているのだ。

だが、芸がたいしたことなくなった男や過去の栄光だけで出てくる男の、豪遊自慢、武勇伝、そしてなんといっても借金返済自慢が、なんだか悲しいのだ。

武勇伝にしても、借金があるのに、後輩の俳優を銀座で遊ばせたとの類のものが多く、また、銀座や祇園で遊びまくり、その場で借金を2億円作ったとか、豪快なのだが、やはり、庶民が聞くと、「その借金に苦しんでいるのか」と勘ぐりたくなる。翌月には返せる瞬間的な借金かも知れない。

借金100万円に苦しんでいる庶民が、友人を居酒屋に誘って、1万円から

2万円を奢《おご》ることはできないだろう。かっこつけてそれをやると、翌月は首をくくらなければいけなくなる。

しかし、芸能界の大物らは、それが数億円でも大丈夫なのだ。

繰り返し言うが、借金に困って疲れていった芸能人もいるので誤解ないようにお願いしたい。

芸能人は偉い方ばかりだが、お金の使い方に関して、大切なお金を店のどこかに投げるようなことをするのだ。

「おまえも豪遊自慢をしたことがある」

と叱られそうだが、私はお金を店のどこかに放り投げるような行動はしていない。

知らない客にお金を配って歩いたとか、店に若い俳優がいたからドンペリを奢ったとか、大物俳優や芸人がやるとカッコいいが、その若い男は、若いくせに銀座のクラブにきているような「バカ」なのだ。その男に酔ってドンペリを奢って、「やあ。頑張れよ」と合図をするのが、男の武勇伝なのだろうか。

それら単純に言うと、『お金の無駄遣い』に対して、感動して聞いている一般人がどれくらいいるのか私が知りたい。

ちなみに、私は経験者だ。

私も借金を背負ったことがある。数億円ではないから、語るほどではない。

そして、借金があるのに、女の子の食事代は出していた。

ドンペリとか店を丸ごと買ってあげた、という豪快な伝説はもちろんないが、コンラッド東京のフレンチくらいは出していたものだ。

しかし、それは彼女たちの誕生日など。

なんでもない日に、突然見かけた知人女性に、ポンと数万円出すことはしたくない。

しかも、私は、「あんまり高いのは頼まないように」と小さなことを言っていた。

それが器が小さいと嗤《わら》うなら仕方ないが、私にも生活があり、翌月に数千万円入る予定もないのだ。もし、新刊が100万部売れていて、数カ月後には1

億円入ってくるとしても、高級車は先に買うかも知れないが、恋人でもない女性に、ポンと1000万円を渡すことなどない。もらった方も困ってしまう。芸能人同士なら、よくあることで困らないのかも知れないし、彼らにとっては、なんでもない日に、なんでもない人に、お金を上げたり、高級ワインを奢ったりするのがステータスなのかも知れない。

しかし、それを聞いている庶民は、やはり萎える。

特に借金がある人たちは、テレビの対談番組で、大物芸能人が豪遊自慢や借金返済の苦労話を始めたら、すぐにテレビを消さないといけない。

ちなみに、本物の大物俳優の武勇伝は、自ら自慢げに語ったものではなく、「伝説」として残っているもの。

その男たちはかっこいいと思う。

女性を労《いた》わるSMの世界

【SMに興じるのは寂しがり屋の男女】

私らしいセックスの話を一本入れたい。

SMと聞くと、女性が縛られて鞭《むち》で叩かれている様子が真っ先に浮かぶと思う。

SMとは少し趣が異なるが、乱交的なセックスで、女性が1人、男が数人というプレイでも、女性は苦しそうな様子を見せる。

経験者の女性読者は少ないと思うが、気持ちいいが苦しいに変わることは滅多にない。

男たちが、とても女の体を労《いた》わるからだ。

もし、苦しくなる時はクスリをやっているのだろう。または酒の飲みすぎだ。

ＡＶを見て勘違いしている男の子もいるが、ＡＶの激しいセックスにしても休憩がいっぱいある。それを知らずに、彼女に長時間のセックスを要求すると、彼女は怒りだすのが当たり前だ。

プロの世界だけではなく、素人の世界でも、**ＳＭをやる男たちは、女性に優しい。**


すると必ず、「ＳＭで死亡事故があったぞ」と、揚げ足取りが始めるのだが、正直、死亡事故のない世界などどこにもなく、スポーツでも頻繁ではないか。ルールを守っていても、死亡事故は起きてしまう。

私自身がセックスで死にそうな事故を起こしたことがある。床で滑って転倒したのだが、その時に、ベッドの台の角が頭の近くをかすめた。セックスの死亡事故は、押尾学のようにクスリをやっていなければ、ほとんどがそういうものだ。

話を戻すと、そのプレイの最中は、彼女を、「メス豚」と罵《ののし》る。「肉便器」とか言う。だが、それはあくまでもお芝居で、プレイが終わったら、「愛している」と本心から言うし、恋人でなければ、「とてもかわいかった」とねぎらう。中には、その後、マッサージをやる男もいるし、スパなどに連れていき、彼女の体を労わる男もいる。

「俺を楽しませてくれてありがとう。射精もできた」と思っているのかも知れないが、「射精した後の男は冷たい」と、女の子たちが口を揃えて言っているのはなぜか。

SMがマイノリティだとして、やはりそれに興じる男女は、寂しがりやなのである。

傷ついている。

ということだ。

その傷が何なのかは分からないが、ＳＭやスワッピング、乱交などをしないと、ストレスで死んでしまうのかも知れない。それがもし本当なら、そのセックスに協力してくれた女性を労わるのは当然で、「射精したらおまえはもう必要はない」くらいの勢いで寝てしまう男たちとは一線を画しているとも言える。もちろん、プレイは女性との合意で、女性自身もそれが好きじゃないと出来なく、男の奴隷というわけではないのであしからず。

同性から見て、「なんて自己評価が低い女なんだ」とか「男に軽蔑されているのにいいのか」と憤《いきどお》る女もいるようだが、私の知り合いに、「男性に射精をしてもらって喜んでもらうことにプライドを持っている。とても嬉しい。だけど私は売春はしない。何か文句がありますか」

と言ってのけた女の子がいた。ちなみに、美女だ。

男のセックスに隷従している様子が男尊女卑に見えるが、実はそのセックスが終わると、男は、彼女をお姫様のように労わり、セックスが始まると、また女の御主人様になる。恋人同士、夫婦なら、セックスがない時間は、平凡なカップルだ。

人間は複雑で、特に男女の恋愛は深い。

ところが世間様は表面的な部分しか見ず、普通の恋愛じゃないと「許さない」ものだ。

世間様はどれだけ立派なのか知らないが、そういう男に限って、射精をしたら彼女に素っ気なくなり、女の方は、セックスのテクニックに文句を言っているものだ。

【セックスで命の重さを知る】

道徳的な話にすると、**セックスは命の重さを知るためにするものだ**。

若いうちでも分かる。

熱中するとスポーツよりも危険な側面もあるし、妊娠が付きまとう。妊娠すると、命が生まれるから、命を意識することになるのだ。

私見だが、童貞の男も処女の大人の女性も、口だけが達者で、道徳主義に走るものだ。

童貞の男は、不倫を叩きまくり、処女の大人の女も「寛大さがまるでない」。

処女ではなくても、セックスの経験が少なく、男から死ぬほどのセックスを与えられたことがない女は、とても道徳的に、悪徳とされる恋愛を叩くものだ。

命がけのセックスをしたことがある男女、特に女性の方は、とても寛大になる。また、強くなる。

「**人の命は強い**」

と実感するのだろう。

その女性と付き合っていたら、「**あなた、簡単に死なないわよ**」と、やんわりとたしなめてくれるものだ。

女性は絶頂の度に、小さな死を得るので。

その絶頂の経験が多いと、それに導いてくれた男たちに優しくなっていく。

最後に、独身時代から、変態セックスに興じている女の子は、ほとんど結婚願望がない。

だけど、寂しいか、傷がある。

それを「病気」と一方的に片づけて、軽蔑する時代でもある。

少しばかり一般的ではない言動を見せると、鬱病という時代だ。私も、人格障害者、キチガイと言われ続けている。

結婚願望のないキャリアウーマンは正常で、結婚願望のないセックスが好きな女の子は異常というのも腑に落ちない。

どちらも悪くはない。

ただ、命や愛を得られるのは後者だと思ってもらいたい。結婚願望がなくても、「君のような変態でもかまわない。僕はお金持ちだから、処女のような女は別に用意できる」という男も出てくるものだ。それで正妻になるか愛人になるかは分からないが、彼女たちは孤独からは解放される。

そんな奇妙な行動に出るお金持ちも、実は傷ついて生きてきた男で、もしかすると自殺願望があるのか持病があるのかも知れない。

第5章

これからを生きていく方々へのメッセージ

命は強いものだということは女性が教えてくれる

【惰性《だせい》や打算の愛では命の強さを知ることはできない】

単純に、女の肌に触れれば、仕事などで弱っている男は命の強さを知る。
しかし、それにはある条件がないといけない。

- 彼女が心の底からあなたを愛している
- まったく知らない女や友達だと思っていた女とたまたま寝た時

極論ではない。

私の話を極論だと言う人たちは多いが、人の命がけの愛とは、

中途半端な姿勢の中からは生まれないのだ。


余談だが、私はセックスが中途半端な女が一番嫌いだ。

「セックスは嫌いだけど、経験数は10人」とか。

「やりたくないけど、彼がしたいっていうから適当にやっている」という女だ。だったら、ずっと処女でいればいいのだ。セックスが安い食事のようでもちろん愛がない。

「セックスが大好き。男性に射精してもらいたい」

こちらの女性が、そう、疲れた男を復活させる愛を持った女なのだ。

まったく知らない女や友達だと思っていた女と寝た時には、もちろん愛などはない。逆にそれが、「ああ、こんなに女は温かいんだな」と孤独な男に分か

らせる。惰性で付き合っている彼女を抱いたところで、いつもと同じ。何も感じないものだ。

真の愛をあなたに与えている女からは、抱く度に、または一緒に寝て、少し手が触れたりするだけでも、命の強さを教えられる。

冷え性で、彼女の体が冷たい時もだ。笑った読者もいると思うが、惰性で付き合っているカップルなら、「いつもの冷え」と思い、何もしない。本気で愛し合っていたら、それに気づいた男は、寝ている彼女の手を優しく握るものだ。温めてあげようとするのだ。

それは、命の与えあいなのだが、それができるカップルは滅多にいない。

打算で付き合っているからである。

純愛など、ほとんどない。

もちろん、命がけの愛もない。

まず、出会った時に彼女は言うだろう。

「結婚する相手は浮気はしないこと」

条件を提示してくるのだ。

男の方は、凡庸《ぼんよう》か精力がない虚弱体質なら、それを容認する。どちらにしても、自己評価の低い男だ。

自己評価の低い男を死ぬ気で愛す女などいない。利用しているだけだ。だから、その女からは命の重さは教えてもらえないし、愛されもしない。

付き合って、セックスをして結婚したら、「愛」だと思っているようだが、そんな事務的なことで簡単に愛になるのなら、古くからある恋愛の文学も必要なくなる。

繰り返すが、「浮気をしたらだめだ。したら別れる」と条件を出してくれる女は、その男を束縛する言動に見合ったルックスとボディと知性と特技があるのかと言うと、ほとんどないものだ。お金持ちでもなかろう。「私が食べさせるから浮気をするな」と言うなら、理に叶っているがどうか。

超美人女優と結婚する男でも浮気をする。

世界中で、ほとんどの男が浮気をする。風俗店（キャバクラ、銀座のクラブ、祇園も含める）に行くのも浮気だとしたら、ほぼ、どこにも浮気をしない男はいないのだ。いや体が弱いか、対人恐怖症なら浮気はしないだろう。

仕事が優秀なら接待もある。そのことが分からない女など、普通にバカであり、天然のかわいらしいバカではなく、ただの発達障害的なヒステリーで、本当は、「浮気は絶対に許さない」と、付き合う前に連呼する女は病気なのだ。

ないものねだりというわけだが、自分の価値を分かってもいない。

再三言わせてもらうが、有村架純くらいの美女かお金持ちの女の子しか言えないセリフなのに、何もかも平凡な女の子がさかんに口にするものだ。そして、

「浮気をしないなら、わたしは、あなたを死ぬほど愛します」

とも言わないので本末転倒とも言える

しかも、「キャバクラなら仕方ない」と譲歩していても、実際に行くと、「キャバ嬢と仲良くしたんじゃないのか」と必ず尋問してくるし、スマホのチェックも必ずする。それは、男を束縛することでしか愛情表現ができない病なのだ。

冒頭の、「たまたま出会った女」には、実は打算がない。

だから、愛と命を感じるセックスができる。

【無償で命がけの愛】

先程、「たまたまの女には愛がない」と言ったが、ナンパが趣味の男には愛がないだろうが、物語のような出会いがあり、だけど一夜限りなら、お互いが傷つけないセックスをするから、とんでもない愛を感じることができる。

素性が知れないから貪《むさぼ》りあうか、学歴も肩書も、何もかも分からなければ、その刹那《せつな》、純愛が生まれる。私の拙作『悪徳の成功法則』の中には、そんな純愛と命がけの愛を描いた短編小説が入っている。私のその小説は文学とは程遠いが、「浮気をしたら許さない。浮気をしないなら付き合うよ」という女は、文学小説も読まないのだろう。

名作の映画を観ても、「これはただの物語」と笑っているか、感動しても

「わたしには関係ない世界」と思っているものだ。ところが、作家が書いた物語は、100%創作ではないのだ。取材をして聞いた話を元に書いたり、自分の経験を書いている。場所や年代を変えて、本人に知られないように書いていて、フィクションに見えるだけだ。

私は文学少年だった。

昔の文学小説しか知らないが、愛人がいたり、恋人からの裏切りがあったりしても、男と女の間には純愛が垣間見え、ほとんどに命の与えあいがあるものだ。女に裏切られて落ち込んでいる男を、一夜だけのセックスをする女が出てくる小説などを読んできた。

古い話だって？

恋愛の形は変わったが、愛の与え方が変わることはない。

命がけになることだ。

または、仕事や政治に絶望した男を女が助けるものだ。

それを、

無償の愛という。

「浮気する男はだめ。付き合わない」

と言っている女は無償の愛などを1％も持ち合わせていない。

才能のある男や実績がある男は、そんなヒステリーと付き合わないから、彼女たちは、自己評価の低い頭の弱い男か、何かを企んでいる男と付き合ったりして、結婚をする失敗をするものだ。

「浮気をしたらだめだって？ ばれたら別れればいいや。それまでやらせてもらうから」

というわけだ。

双方、純愛ではないのだが、特に男の方は、「浮気はするな」と圧力をかけてくる彼女に疲れた時に、ふと出会った「まともな」女性に恋をして、ヒステリーの彼女の前からいなくなるとも相場が決まっている。

そもそも、女性諸君に言っておくが、あなたと「浮気をしない」と約束した男は、浮気をしないのではなく、「浮気ができない」のである。もてないのか精力がないのか、女嫌いか、ペニスが短小か包茎で恥ずかしくてセックスができないだけだ。その器のなさや無能さや見た目の醜さに惚《ほ》れることができたら、純愛なのかも知れないが、あなたが長い年月、束縛している時にデブ専のキャバ嬢に惚れられたら、あなたの前から消えるだろう。付き合いでキャバクラくらいは絶対に行くものだ。キャバクラが大嫌いな私でさえも、付き合いで行くことがある。

先日、安倍政権に絶望している友人がいたから、池袋のキャバクラに連れて行って奢った。

男同士にはそういう付き合い、友情があるものだ。

【男は命の使い道を考える、女は無償の愛を捧げる】

愛人については、甲斐性もない男が愛人もどきを作ったら、それは激怒しないといけないのだが、仕事をバリバリこなし、年収は2000万円以上、しかも若くなく疲れ果てていて、政治の問題にも苦悩していて、闘って闘って権力に負けて絶望している男が、愛人を作ったところで、なんの罪ではない。しかも愛人とは、「奥さんと別れて結婚して」と言わない究極の愛を持っているものだ。本物の愛人の話だ。今どきの女子大生の契約愛人ではない。

疲れ果てて、死をも意識しているそんな男たちは、家庭では妻と子供に「血の繋がり」という命を教わり、自殺をためらい、愛人の元ではセックスのぬくもりで、また自殺を思い止まる。

それの繰り返しで、世の中との戦いに疲れている男は、それなりに長く生きるのだ。

「浮気は許さない」

と彼女から言われた男が、権力に戦いなど挑まない。パワハラで新型鬱になるようなよわっちょろい男である。

そんな男を彼女も命がけで愛することなどなく、一生、究極の愛を知らないまま生きるのが、今どきの女たちだ。

男たちは、『利発』な女から究極の愛を受けて、死ぬ気で闘うか、ヒステリーと結婚して、ちんたら生きるかの二択だと思ってもらいたい。

妻は、私のストレスが少しでも緩和されるように、身の回りの世話に余念がない。

ホテルに、女がきていることも知っているだろうが（毎回ではない）、怒らない。いつか包丁で刺すかも知れないが、それはたいしたことではないと思っている。

若い時、まだ仕事盛りの時、女が美しい時に愛し合わなかったこと。助け合わなかったこと。無償の愛を与えなかったこと。俗な恋愛をしていたこと。そちらの方が大ごとだ。

男は、

命を使うものだ。

命の使い道である。黒田官兵衛も言っていたではないか。

女は、その男の命を少しでも長く続くように、無償の愛を、純愛を捧げる。

長くなったが、ただの基本である。

世の中はそんなに辛いものなのか

【生きているのが辛いのは、失敗と異常な出来事のため】

「生きているのが辛い。こんな世の中は嫌いだ」とは、その人が何か失敗をしているのである。**それも二度三度、異なる失敗を繰り返している場合が多い。**

また、「異常ではないか」という出来事が、常に自分の周辺で起こっていても同様に辛くなる。

例えば、離婚。離婚が名誉になることは稀だ。会社を退職したことがあったり、減給されたり、また失敗とは言い難いが、病気。私もそうだが、持病が30年続いている（ほぼ治っているが）。

他にも、息子が大人になったのに、まるで仕事ができない男になってしまったなど、家族の問題。娘は男と遊んでばかりでセックスの匂いばかりする。実家、つまり自分の家に息子が住んだまま、自立していないとか、娘が部屋に男を連れ込んで朝までいる。父親の眼下でセックスをしているとも言える。妻が不倫をしていて、「男が浮気をするんだから、女も浮気をしてかまわない」という態度だ。男女平等、対等の末路である。すべて異常だ。失敗と異常な出来事に襲われると、そりゃあ、人生は辛くなる。

後は、厭世主義者という人間もいる。

政治不信が最たるもので、自民党が嫌いで嫌いでどうしようもない人たちは、今は辛い人生だろう。だが、厭世主義者は、どんな時代でも、「時代が悪い」と口癖のように言うものだ。

【辛いのは世の中のせいではない】

結論から言うと、辛いのは世の中のせいではなく、己の失敗がほとんどなのである。

日本では、内乱が勃発しているわけではないし、貧困層が溢れているわけでもない。カンボジアの村で、水は川の泥水を使い、すぐにお腹を壊すという話があって、日本から井戸水を掘る技術者が指導に行っていた様子がテレビで放送されていた。一方の日本では、水なんかどこにでもあるのが当たり前で、DSなどのゲームに遊んでいる毎日。しかし、これは極論で、いかなる問題にも、その国によって軽重《けいちょう》が違い、また、どんな先進国にも先進国なりの欠陥があり、それがストレスとなるのは当たり前だ。

生まれた国の環境に慣れたところで、その日常的な環境が壊された時に、「辛い」となるのが当たり前と言える。

何が「良いことか」「悪いことか」は、個人によって違うが、良いことが新しく、どこかからやってきたら、「人生は楽しい」と喜色満面である。

良いことがやってくるのだ。運が良い人には。

かわいい子猫がなぜかトコトコ歩いてついてきて、自宅にまでやってきて、「飼ってください」と哀願する。目が潤んでいて、とても愛らしい。その子猫を飼うようになってから、毎日が癒されてとても楽しくなった、という経験が私にはある。

その子猫は、向こうからやってきたのだ。

幸運が飛び込んでくるかのように。

宝くじの数億円が当たる幸運が、毎年、何百人にもあるらしいが、努力は不要な行動なので、勝手に幸運が舞い込んできたとも言える。

簡単な考察だが、

それがない人が、世の中が辛いというのだ。

幸運に恵まれない人だ。

しかも失敗をしているし、異常行動が周囲に起こっている。

日本で、いや、どんな国でも、その国に『適った』平凡な暮らしをしていたら、「世の中が辛い」という言葉はあまり口から零れない。ましてや健康体の人が、それを言うこともありまない。

孤独に苛《さいな》まれている。

という未婚の男女も辛いだろうが、結婚すれば幸せになるとは限らず、それに関しては考え方ひとつで、改善できる部分があると思っている。

分析を進めていくと、幸運がなく、失敗が続き、異常行動が近くで起こっていて、それでいて不健康だとしたら、その人間は生きている気力を無くすだろう。

しかも、それらが改善できないのだ。

先に、未婚の寂しさ悔しさは、改善が可能だと触れたが、改善する時間がない失敗や異常な状況が続くと、その人間はきっと自殺を考えるだろう。

しかし、自殺をしたら改善するのかどうかも疑問だ。

世の中がなぜ辛いのか。

厭世主義者を除き、その人たちは人生を失敗ばかりしている。失敗の定義だが、周りの人たちがソツなく生きているのに、自分が辛い出来事ばかりに襲われるということだ。

先程、子供が大人になったら、あきらかにバカになっていたとして、友人の息子は有名大学を卒業して、エリートになっていたら、「俺の人生はなんだったんだ」と悩む時間が出てくる。友人の娘は、きちんと仕事をしながら、夜の9時までには帰宅するのに、自分の娘は男を部屋に連れ込んで、セックスをしている。お金がないからホテルに行けないのだが、ホテルに行く金がない大人の彼氏がおかしいし、彼女の実家でセックスをしてかまわないと考える男は教養がないというべきか、頭がおかしいのだ。そんな頭のおかしい病的な男と、大事な娘がセックスをしていたら、「俺の人生はなんだったんだろうか」と思い悩むのが当然で、何か割り切らないと自殺をしたくなる。男の場合は、それらの失敗に対して、暴飲暴食、セックス、自殺と、破滅する方面に向かう。しかし、「破滅」とは何か。という問題もあり、例えば、娘が淫乱なので、ストレスが溜まり、父親である自分もセックスをしたところで、それが破滅に繋がるかどうかは分からない。逆に、成功に繋がる場合もある。それを私は、「切り返し」とよく言っている。再スタート、大逆転、俗っぽく言うと、やけくそ。

破滅というほどでもないのだ。

破滅はやはり、故意ではない死、自殺。それから重犯罪者に転落することだと思っている。

【人生を変えるには自分で努力するしかない】

では失敗した人生を改善、つまり変えるにはどうすればいいのか。

若ければ努力したまえ。

幸運は待っていてもやってこない。私の知人で宝くじが当たるのをずっと待っていた失敗者がいたが、周りから軽蔑されていた。

若くなければどうすればいいのか。

最後の力を振り絞って、その現状を打破してほしい。

その最後の力とは、自殺をすることではない。命をかけるということだ。

命がけで、失敗した個所を改善させる。家族の異常行動を止める。

それでも改善しないなら、実は失敗しているのはあなたではなく、近くにいる人間たちなのだ。または、あなたの失敗は過去の出来事で、すでにほとんどが改善しているのだが、その失敗を責められているのだと思われる。簡単に言うと、他人とは、自分に甘く人に厳しく、過去の失敗を半永久的に許さないものだ。女性が、夫の浮気を永久に許さないように。

だから、その人間たちから離れれば改善する。

あなたの周りの異常者と、あなたの過去を蒸し返す異常者たちから離れることだ。

「それができないんだ」

と反論されると思うが、例えば離婚とは、失敗を認めて改善もできず、両者が離れることである。

世の中が辛く、生きているのが辛いのは、その人が失敗を繰り返していて、なのに努力を怠っているから。

努力が嫌い、古い、という日本人も増えたが、それを口にする人ほど、失敗を重ねているものだ。

それから異常行動を繰り返す家族や友人が近くにいて、その人たちから離れないからである。

日本という国が嫌いで、「世の中が辛い。しかも海外に移住できない」という人にしても、コンビニもない山奥で暮らす方策はあって、テレビもつけなければ、「この国は日本」という感覚もなくなる。

先日、群馬県にある四万温泉に行ったが、旅館の部屋は携帯が圏外。

テレビは設置されていたが、リモコンにも触らず宿泊中一回も見なかった。

そう、私も疲れているのだ。世の中に。

しかし、私はその疲れを取るために、1泊か2泊の圏外リゾートに行けば、また数か月は心身が正常に働くようになる。

1泊、2泊では疲れが取れない人は、そこに住めばいいでしょう。アパートの家賃もないに等しい。

その行動力もない人間には、本書は必要はないと思われる。

人に無駄な一日はあるのか

【計画的なサボりは無駄な過ごし方ではない】

人は必ず死ぬ。
80歳かも知れないし、明日かも知れない。
それを察して、
「一日、一日を無駄にしない」
と宣言する者がいる。また、死を意識していなくて、軽口で言う者もいる。
時間の無駄遣いとは何か検証すると、とても簡単で、

・計画通りに行かなかった。
・余計な時間を使ってしまった。

となる。

サボったら、短絡的に「無駄な一日」ではなく、**その本人が最初から、サボるつもりでいたら、それは無駄ではないのだ**。つまり、そう、計画的に行動したことになる。

サボるというと俗語で、とても聞こえが悪いが、「一日だけサボる」とは、ほとんどの立派な人間のセリフで、「休む」「休養する」ということだ。

仕事で疲れて、「このままでは、次の仕事に進めない」と判断し、家でずっと寝ているか、大型の温泉施設で一日、のんびりと過ごしている。私が再三、本の中でネタにしている都内のスパラクーアにはそんな人たちが大勢いて、男湯の温泉には、蛙の死体になっているような疲れたサラリーマンがいるものだ。観光地の温泉では見られないくらい、情けない光景である。せめて、前を隠せと言いたいが、私も疲れた時にゆっくり過ごすためにそこに行くので、笑って見ている。

そのサラリーマンを見て、「この人は事故などで明日死ぬかも知れないのに、こんなにだらしなくサボっていていいのか」と思ったら、それは間違いで、彼らはサボりに来たのだ。**正確には、休みに来たのであり、それも計画的に来たのだったら、問題は何もない**。

何も、毎日、必死に働いて、休日は猛勉強をするか、家族サービスをすることが、人の立派な行動ではない。いや、それは立派だが、逆に言うと、「今日は家族サービスをしないといけない」と、半ばあきらめて、子供を車に乗せ、フラフラっと食事に出かける方が、時間の無駄遣いをしていることになる。

思い付きで行う、さしてやる気がない行動が、人生の時間の無駄づかいなのだ。

【堕落的になっている習慣は時間の無駄遣いである】

また、習慣化している行動で、それが堕落的になっている場合、もちろんそれは時間の無駄遣いとなる。具体的には何か、となると、それを書くとまた批判されてしまうのでどうかと思うが、別の本で触れたことがある共感を受けた話で言うと、**「弱い何かを応援したり、堕落している誰かとずっと付き合って、何も得られない日々」**が特にそうだと言っておきたい。

女性で言うと、仕事もできなければなんの志もない男と、若い頃にずっと過ごしていて、30歳くらいになって、「失敗した」と言う人は大勢いる。若い頃に見た、仕事がバリバリできる年上の男が、「つまんない」「お金があるから浮気しそう」と考え、恋愛の対象から避けるためだ。まあ、その話は割愛しよう。父親の威厳を知らない観念喪失の平成の女の子には疲れてしまった。

男の場合も恋愛では、昔で言う「さげまん」に執着してはだめだが、男は

『リードする生きもの』だから、女性のせいにしてはいけない。それでも、ルックスがいいからと言って、金遣いだけは荒く、何も尽くさない女に執着している男は、その期間が長ければ長いほど、人生の時間を無駄にしていると言える。酷《ひど》い目に遭って別れれば経験値は上がるが、悪女と付き合って笑えるのは数か月と言っておきたい。私もいろんな悪女を知っているが、最初の数回のデートでそれが分かったら、すぐにフェードアウトを試みるし、途中から豹変したら、ばっさりと切ってきた。繰り返すが、悪女の定義は、金遣いが荒いこと と、そう、男に時間の無駄遣いをさせる女のことだ。

「車で迎えに来て」

と、仕事で疲れている彼氏に言うのだ。

機嫌が悪いのか酔っているのか分からないが、「今、上野にいるの。近くまで車で来て」とか言う。「来ないともう一軒、行っちゃう」「会社の男の人といるからね」とか、何か脅迫めいたセリフを用意しているものだ。そこで、疲れているのに迎えに行くと、次の仕事に支障をきたすし、それこそ、計画になかったくだらない行動となり、焦って迎えに行く途中で事故を起こしたら笑えないと言える。

あとは強欲な女で、お金を使わせては、なんら男に返さないというものだ。

この話をすると、今どきの悪女たちが怒り出すのだ。

「返すとは、セックスをそんなにしたいのか」

とか。

頭の弱い女は、「価値」という言葉を知らない。

例えば、彼氏がメルセデスベンツに乗っていたとしよう。

新しい彼氏である。

彼女の方は、家が貧しく、または平凡くらいで、今までに付き合った男たちも国産の安い車か、または車を持っていなかった。その目の前に、最新型のベンツが現れた時に、それに価値があり、また自分はその価値に対して何をすればいいのか。それがまったく分かっていないのだ。

すぐに、「お金持ちだったら偉いのか」と怒りだすが、お金持ちは宝くじを当ててお金持ちになったのではない。父親がお金持ちだった男以外は、必死に稼いでいたのだ。その勲章に、メルセデスベンツやポルシェがあったとして、それに気づかないのが、今の女である。

助手席に座っていても、運転している彼氏の補助もせず、ベンツと分かっているのに、洋服も適当。その彼氏は成功していて、それを持続させていて頑張っているのに、美容も疎か。という具合だ。

努力をした男に対して、彼女が努力をしない。

そのふざけた状態を男女平等だと言う女もいるものだ。

そのタイプの女の子はほとんどがかわいいルックスをしていて、それで許されているところがあるが、実は、社会の厳しさも知らないものだ。

「おまえは俺の車に乗る資格はない」

と、続けて言われたら、やっと分かる程度の脳みそなのだが、続けてベンツやBMWの男と出会えるわけもなく、捨てられると、「金持ちは偉そうだったな」という態度でいるものだ。

その、世の中の価値が分からず、女性らしい行動しない女の子と長く付き合わないところが、一日、一日を大切にしている男なのだ。逆ももちろん、仕事もできない男に執着している女の子は、翌日に死んだら化けて出るだろうが、さっさと別れて、次の恋愛に進む女の子は、なんとか時間の無駄を削ることができるものだ。

男と女の付き合いは、「相性がよく楽しかったらいいのだ」と思っている人や、「生活が苦しいから一緒に働ける人」とか妥協していたら、とんでもなく、人生は損をする。

お互いが向上しないと、人生の10年以上を無駄に過ごすことになる。

ということだ。

「この女は尽くしてくれる。俺はもっと働いて成功する」

「この人は、とても立派な人。私も綺麗になろう」

と思えない男女では、ほとんど死んだ後、地縛霊《じばくれい》になるだろう。その前に、老後に殺し合いである。最近、よくある事件だ。

「どうしても女性に仕事をさせたくないのか」と思った読者の方。「私も仕事をしながら綺麗になろう」と思う女性でも問題はない。

私はフェミニズムの女性たちとは交わらないので、仕事をしながら美容も出産も育児もと言うスーパーウーマンに興味はない。

【できないことをやろうとしてできないのは時間の無駄遣い】

あなたがある休日の朝、目覚まし時計をかけずに寝ていて、起きたら、午後の1時だった。

それを、「やっと熟睡できた」と、ほっとして起きたら、それは大成功の一日で、周囲の人が、「何時まで寝ているのか」と怒っても、やんわりと、反論しておけばよい。「そういう予定だった」と。

逆に、休日の日の朝、早く起きる予定だったのに、寝過ごしてしまって、がっくりしていたら、大いに反省してもらいたい。それは意志が弱いのである。

「朝から部屋の大掃除をするつもりだった」

と。

その伝で話を続けると、

できないことをやろうとして、できなくてがっくりするのが時間の無駄遣い

とも言える。

筋トレが続かないのに、ジムに入会して、たまに行っては筋肉痛になっただけでなんの効果もない。小説家を目指しているが、新人文学賞の一次予選も通らない。一発を目指してネットビジネスをしているが、成果が上がらない。

では、あなたが「できないこと」とはどんなことか。

周囲の人間たちに、「**無理だよ**」と嗤われていることなのだ。

また、一般的に、「**1年でできることが2年経ってもできない**」ことだ。簡単と言える。

『35歳の男が、このような食事制限と運動をすれば細マッチョになれる』という記事があり、友人もそれができるのに、あなたができないとしたら、細マッチョになるのが不得意なのだ。恐らく、専門のトレーナーを付けない限り、5年頑張っても、細マッチョにはなれない。

私はそれをよく知っている。中学生の時に、将棋士になりたくて、プロの先生の門をたたいたが、「無理」と言われた。子供を育成しているプロから無理と言われた少年は、無理なのだ。才能がないのである。作家になりたくて、あるプロの脚本家に小説を見せたら、「すごい才能だ」と言われた。それが今の私の仕事になっている。言い訳だが、もっとゆっくり書かせてもらったら、より良い作品が書ける自信はある。

これら、プロから「ダメだ」。逆に、「君はすごい」と言われることは分かりやすいが、プロが不在の場合、周囲の素人が、あなたを評価する。それでも、「やめたらどうか」と言われる方が多かったら、それは正しくて、あなたはその仕事や行動が不得意なのだ。

あなたの好きなことややりたいことが得意なこととは限らない。

どうしてもその得意ではない好きなことを続けたいなら、それは趣味としてやるべきで、仕事にするために、その好きなことに時間を費やしてはいけない。

そう、仕事にならないからだ。

【毎日を予定通り過ごすことが時間の無駄遣いをなくす】

人は、人生の無駄な時間を計算したら、どれくらいになるだろうか。

特に、平和ボケをしたこの国では、毎日を懸命に生きる人などほとんどいない。

そんな平和な国で暮らしていても、人の寿命は80年。

元気な82歳が、83歳の日の朝、起きてこないこともある。

若いあなたもそうだ。

芸能ニュースを見ていたら、40代、50代で癌や心臓の病気になって、死んでいく人がいる。私はプロレスが好きなのだが、橋本真也さんや三沢光晴さんなど短命だった。三沢さんなど、受け身の天才のはずだったのに、本当に哀しかった。

しかし、彼らはトップに登り詰めた選手だ。

トップはおろか、男なら例えば、美女を抱いたこともなく、一回も帯封に巻かれた1万円札を持ったこともなく、後継ぎが欲しいのに結婚もできないとか、人生にやり残したことがたくさんあるのに、無駄な一日を過ごしてしまっては痛恨の極みとなるだろう。

翌日の予定を立てる。
それが、「翌日はずっと寝ている」でもいいのだ。
無駄な日を過ごすことは、予定外のくだらない行動をとってしまうことだ。
それが増えていくと、人生80年のうち、10年、20年と損をすることになる。
繰り返し言うが、若いあなたも明日、事故などで死ぬかも知れないのだ。
毎日を予定通り、大切に過ごしてほしい。

生きるとはどういうことか

【打ち合わせばかりしていても生きていることにならない】

生きるとはどういうことか。

近年、「楽しく生きるんだ」「好きなことをやっていればいいんだ」という流行がある。私自身、『男は一生、好きなことをやれ』（三笠書房）という本を出したことがあるが、私の言う「好きなことをやれ」と、流行に乗っているその彼らが言う「好きなことをやりたい」には差異がありすぎる。

彼らは正直、「楽になりたい」「努力したくない」と考えている。

私は彼らを見て、こんなことを思うのだ。

打ち合わせばかりしている連中には負けない

と。

今日は名古屋、明日は都内。明後日は事務所。その翌日は横浜。打ち合わせばかりしていて、何か生産している様子もないが、その接待費や交通費はある。仕事は部下がやっているのかも知れないが、実は私は20年くらい前に、こういう男と付き合っていたことがあった。何も仕事をせず、打ち合わせだけで小金持ちだったものだ。

父親が権力があったらしく、いろんなコネがあり、偉そうにしていた。私は若かったからその表面だけを見て、「すごいな」と最初は思った。最初とは半年くらいだ。

そのうち、「この男は仕事はしているのか」と疑い出し、仲違いした。原因は女だった。女の奪い合いをしたのではない。当時、作家を目指していて、まだフリーライターだった私に、ある美女が、「あなたは仕事をしているのか」と嗤ったのだ。しかも、その打ち合わせばかりの男の前でだ。どちらかと言うと、収入は少ないが、モノを書いていた私の方が仕事をしているではないか。お金持ちのその男の方は、誰かを電話で呼び出して、雑談をしているだけなのだ。私は憤慨して、彼らと彼女のいる場所から離れた。

あれから20年。また、「打ち合わせだけしている男たち」が私の周囲を囲みだした。

堀江貴文に代表される資本主義社会の申し子たちは、あまり生産はしない。彼らに負けたくない、という思いは強い。

と言うと、「堀江貴文や与沢翼の方がおまえよりも金持ちだ」と必ず叩かれるが、負けないとは、財力のことではないのだ。

である。

【生きるとは、〝長く尊敬、敬愛されること〟】

今、苦しんでいるあなた。
死にたいと思っているあなた。
人の生き方、男の生き方とは何かお教えしよう。

『長く尊敬、敬愛されること』

人間、完璧ではない。夫婦仲がよく、結婚生活20年を過ぎたところで、離婚することもある。だが、20年愛し合うのはけっこう長い。

恋愛にしても、付き合ったらすぐに別れて、また別の女に乗り換えて…という男は多いが、女性の好みが分からず錯乱しているなら仕方ないにしても、「抱いて捨てる」が許されるのは、20歳の半ばくらいまでだと思っている。本当は、許されないのだが、大目に見て、だ。

私の場合、「1回抱いたら、はい終わり。抱いた女の数が増えたぜ」というセックスを自分からはしたことがない。稀に、女性の方が「1回でいいよ」というのがあるわけだが、それはともかく、抱いたら、必ず、またデートをし、抱かせてもらったお礼に高級な食事を奢ったり、何かプレゼントをする。好みの女性なら、デートだけでも何かプレゼントをするものだ。それを何度かしても、セックスの相性が良くなければ、別れるのだが、私には少しだけ付き合って、まだ繋がっている女性がけっこういる。「抱いて捨てた」のではないからだと自負している。こんな恋愛遍歴はちょっとした男なら誰でもある。いちいち、「自慢するな」という男は、自分も経験すればよい。

彼女たちとの繋がりはほとんどが10年近く。

「尊敬している」

と言われるので、とても嬉しい。

妻にしても、私が女性たちから慕われていることに激怒しているかも知れないが、今のところは、仕事の時の夜食を作るし、お茶も淹《い》れる。

さて、惚気話《のろけ》になってしまっているので止めるが、妻は、私が、

努力して苦労しているのをずっと見ている。

いつも勉強していて、どんなに疲れていてもランチに連れていき、そのレストランの席では妻が楽な長椅子。どんなにお金がなくなっても、沖縄に連れていく。そしてお金がなくなった分、生産（執筆）をする。

遊びに行く時にノートパソコンや岩波文庫を持っていくのを見ている。巨悪と闘って、敗れている姿を見ている。なのに、自殺もしない。涙も流さない（愚痴は零《こぼ》すが）。

そして、私は家族にも友達にもけっしてあたらないのだ。

怒らないのである。

「里中は妻に厳しい男尊女卑の男」

とは定番の中傷だが、私のファンクラブでは、それがまったく反対なのだと

皆、知っている。

「そんなことを奥さんから言われて怒らないの？　わたしはとてもじゃないけど彼には言えない」

という話もあったほどだ。

著作と一緒で、実は公共マナーに関すること以外では、あまり怒らないのだ。ただ、私も完璧ではない。ストレスが溜まると爆発する。対象はモノで、先日、家の門の一部が破損されていたから、「泥棒が入ろうとしたのかしら」と妻が不安そうに呟《つぶや》いた。

「すまん。それは俺が蹴った」

「……」

という漫談みたいなことがたまにある。

私には信念と生活上の習慣がある。身についているのだ。
・妻や子供にあたらない。

・女性は常にエスコートする（サドだからセックスではしません）。
・女性が言う小さな言葉やわがままはスルー。
・努力と勉強を怠らず、脳が腐らないようにする（最近、少年時代にプロになりたかった将棋をアマレベルで再開した）。
・仕事は体力のあるうちはきちんと生産する仕事を優先し、楽に稼ごうと考えない。

私は最近、講演会を始めたが、正直、執筆よりも楽だし、楽しい。日銭が入るメリットもある。だが、それには事情があって、15年の初めから体調が悪いのだ。胃潰瘍を患ってしまい、執筆がはかどらなくなった。そこで執筆ができない時に講演会をさかんにしていたのだ。

喉が痛くなるのが辛いくらいで簡単な仕事だ。

もっと歳をとってからか、たまにでいいと考えている。

売れなかったが、『悪徳の成功法則』（宝島社）では、短編小説に挑戦し、常に向上することも忘れない。本によっては、既存の書き方のままでいいものもあるが、たまには新しいジャンルに挑戦したいものだ。

実は、妻も親しい女性たちも小説が好きで、自己啓発の類は読まないから、「小説を書いたの？　やった」と喜んでくれて、読んでくれた。

持病があり、それが苦しいと愚痴も零すし、モノにはあたるが、泣いたこともなく、女を怒鳴ったこともなく、トラブルと中傷だらけの仕事もやめない。基本的に、書くのが好きだからだが、自分の書きたいことを１００％書けるわけではないからトラブルは多い。

【自分の存在理由を探す】

本書では、私は少々気弱な一面を見せている。

「死にたい」

と思っているとか。

思っていても、死なないし、それは極端な例で言うと、「女はバカ」と思っていても、実際はそうは思っていないという話だ。バカの定義も曖昧なので、「女はバカだなあ」は、冗談なのだ。女性たちが、「男は獣だよ」とか、逆に最近は、「草食ばっかり」とか言うのと似ているか。違うか。

私が気弱な一面を本書で書いていても、それを日常、発揮していると勘違いしないでもらいたい。

妻や親しい女性には、「癌になったら、治療はしないで死なせてほしい」と言っているが、食事で癌にならないように気を付けている。

男とは責任を持つこと、自己犠牲である。

という信念もある。

守るべき人を守る。自分を犠牲にしても。

世界共通だ。どんなに女性が社会進出をしても、男たちを平気で罵倒するようになっても、映画のクライマックスで町や地球を救うのは、男だ。その男は命を捨てて、女子供を守る。映画の冒頭で、その恋人や妻が強くても、後に英雄になる夫を罵倒していても、最後に戦うのは男だ。話は少し逸《そ》れるが、渡辺謙さんが出演していたアメリカ版『ゴジラ』の主人公の男が、とても勇敢で子供と女性に優しく、その新妻は一歩下がった女性だった。

日本を意識したのか分からないが、「ほう、アメリカにもこんな女性がいるのか」と、私は真面目にびっくりしたものだ。

男は自己犠牲とは、実は石原慎太郎氏の最後の選挙ポスターのコピーだったはずだ。

それくらい古い考え方だと思うが、私の自己犠牲と責任感に、女たちは感激してくれていると思っている。

それが10年、20年続き、仕事もそこそこ生産している仕事を20年続けている。打ち合わせばかりして遊んでいる仕事ではない。

下血するくらい辛く、ストレスが溜まる仕事だ。

「そんな辛いことはしたくない？」

当たり前だ。私は不器用なのだ。だが、辛くても、長く愛してくれる女性や友人男性がいることは、とても嬉しく、誇りである。

生きるとは、誰かからずっと愛されることだ。

2年で離婚。また結婚、また離婚。

仕事もそう。あれを1年やって辞めて、次の仕事を2年やってまた辞める。新らしいビジネスや資格に嬉々《きき》として、「僕は向上している」と言うものだが、私から見たら、右往左往しているだけに過ぎない。

「継続は力なり」

先日、私の読者である鍼灸の先生の治療を受けてきたが、HPにそう書いてあった。

その先生は、とても女性にもてるのだ。私が怒ったくらいだ。良いすき焼きの店を紹介したら、「女の子と行ってきた」と言うではないか。

「血圧があがってきて、調子がよくなりましたよ」と、鍼を指されている最中にジョークを飛ばしておいた。

医療行為は、「人を助ける仕事」。生産と同じくらい偉いのだ。だからもてる。

ここで言うもてるとは、様々な年代の女性にもてるということだ。

25歳の男が、同年代の女の子にモテモテだとしても、それはその年齢の（恋愛の）市場規模が大きいからであり、50歳くらいになっても、20代の女の子にもてたり、同じく50歳くらいの女性も仲良くしている男が、本物のもてる男なのだ。

私のところには、「女性にもてたい」「尊敬される男になりたい」「成功したい」という男の子たちがやってくる。

彼らが思う成功の定義がよく分からないが、いくら説いたところで、生産、人助け、努力、継続、自己犠牲を嫌がっていたら会話にならないのだ。

人間は、遊ぶために生まれてきたのではない。

ただ、楽をするために生まれてきたのでもない。

自分の存在理由を探して欲しい。

私には明確な存在理由がある。

里中李生は世界では一人しかいない稀《まれ》なバカで、私の本に期待している編集者と読者がいる。妻は、パートに出る気は全くなく、私の仕事を頼りにしている。頼りにされるのも快楽だ。

そう、私がいないと困るのだ。たくさんの人が困る。

だから、私はどんなに辛くてもなかなか死なないのである。

【著者紹介】
里中李生　（さとなか・りしょう）
本名：市場充。1965 年三重県生まれ。
20 歳の頃に上京し、30 歳でフリーライターから作家活動を始める。時代に流されない、物事の本質を突いた辛口な自己啓発論、仕事論、恋愛論を展開する。人間の本質を突く「強い男論」「優しい女性論」を一貫して書き続け、男女問わず、幅広い層から熱狂的な支持を得ている。著書の累計は 260 万部を突破している。代表作に『一流の男、二流の男』『できる男は「この言い訳」をしない』『男は一生、好きなことをやれ！』『いい言葉はいい男をつくる』（以上、三笠書房）、『「孤独」が男を変える』（フォレスト出版）、『一流の男のお金の稼ぎ方』『男はお金が９割』（以上、総合法令出版）、近刊に『男と女は打算が９割』（あさ出版）、『悪徳の成功法則』（宝島社）、『なぜ、一流になる男は軽自動車を買わないのか』（ベストセラーズ）などがある。

◆里中李生オフィシャルウェブサイト
http://www.satonaka.jp/

「死」を意識することで男は強くなる

2015年 9 月 5 日　初版発行
2015年 9 月 7 日　２刷発行

著　者　里中李生
発行者　野村直克
発行所　総合法令出版株式会社
〒103-0001 東京都中央区日本橋小伝馬町 15-18
ユニゾ小伝馬町ビル 9 階
電話　03-5623-5121

印刷・製本　中央精版印刷株式会社

落丁・乱丁本はお取替えいたします。

ISBN 978-4-86280-468-6

総合法令出版ホームページ　http://www.horei.com/